février 90

L'UNIVERS EST
DANS LA POMME

Note de l'éditeur

Ce livre contient six monologues inédits
et une sélection de textes déjà publiés dans
Rien détonnant avec Sol, 1978, épuisé
Les oeufs limpides, 1979, épuisé
Je m'égalomane à moi-même... !, 1982, disponible
dans la collection au format de poche Québec 10/10

Photos   page couverture et page 4 : André Panneton
                    page 205 : Claire Meunier

Conception graphique de la couverture : Christiane Valcourt
Mise en page : Norman Lavoie

© Les éditions internationales Alain Stanké ltée, 1987

ISBN 2-7604-0313-0

Dépôt légal : troisième trimestre 1987

Données de catalogage avant publication (Canada)

Favreau, Marc, 1929-

   L'univers est dans la pomme

   ISBN 2-7604-0313-0

   I. Titre.

PS8561.A97U54 1987   C848'.5407   C87-096373-2
PS9561.A97U54 1987
PQ3919.2.F38U54 1987

IMPRIMÉ AU CANADA

Marc Favreau
Illustrations de Marie-Claude Favreau

MARC FAVREAU
D'UN SOL À L'AUTRE

*Grand voyageur devant l'Éternel Marc Favreau, né
en 1929 au début de la crise (il jure toutefois n'y
être pour rien), commence son apprentissage
d'acteur à Montréal, puis à Paris en 1957.*

*Revenu à Montréal, voyageant de Molière à Racine
en passant par Marivaux, Murray Shisgall, Dario
Fo et Paval Kohout, il papillonne de théâtre en
théâtre, traversant parallèlement notre petit écran
dans plusieurs séries pour les jeunes, dont le
fameux* Sol et Gobelet *où Sol atteindra l'âge
auguste (!) de 14 ans...*

*Devenu egoexcentrique depuis 1972, le personnage
de Sol a gravi au pas de course les échelons de la
célébrité : le Festival d'Avignon en 1978, le
Théâtre de la Ville de Paris dans la foulée avec une
reprise en 1979 consacrèrent le succès exceptionnel
de son premier spectacle. En 1982 il récidiva avec*
Je m'égalomane à moi-même *et s'installa au
Théâtre de La Potinière à Paris pendant huit mois,
pour ensuite emmener Sol en tournée européenne
jusqu'en 1985.*

*Dès lors la navette s'établit entre l'Europe et le
Québec. Les spectacles de Sol alterneront chez
nous avec des prestations du comédien Favreau,
notamment dans* Pauvre Assassin *en 1980 et* Mort
accidentelle d'un anarchiste *à l'automne 1985 à la
Compagnie Jean Duceppe. Tournées, succès,
nouveaux spectacles. Le dernier :* L'univers est
dans la pomme.

*Un pied au Québec, l'autre à Paris, la valise de
Sol d'une main et le stylobille de l'autre, Marc
Favreau roule les mots comme d'autres leurs
cigarettes. Son moteur c'est le VERBE :
indémodable et garanti à vie.*

Marc se pare des couleurs du cirque,
Il se transforme en oiseau-paradis,
il monte en haut de l'arbre-vie,
il nomme les choses : il devient 'Sol.

Sol, c'est Marc quand il s'émerveille.

Marc aime les arbres, la neige, les bêtes,
les histoires vraies. Sol fait naître des
forêts, crée des espèces, des histoires-rêves.
Marc construit sa maison. Sol fabrique
un univers. Marc est énergie. Sol est
puissance. Marc est fidèle. Sol est
cohérent.

Marc et Sol sont hors-les-lois.

Sol, c'est le cadeau de Marc Favreau.

Philippe AVRON

FLÛTE ALORS !

J'avais quinze ans à peu près, au début des années 60, quand j'ai connu Sol. Chaque soir, après l'école, on le retrouvait à la télé, avec Bim, Isabelle et Gobelet, ses incroyables compagnons de fortune. Le lendemain matin, dans l'autobus ou dans la cour de récréation, il y avait toujours quelqu'un pour l'imiter mieux que les autres et pour raconter une à une ses géniales farces plates et ses frasques énormes. On parlait en Sol. On pensait en Sol. On jouait en Sol. Et même les profs trouvaient ça drôle. C'était absurde et flamboyant. C'était nouveau, gratuit, totalement *free*.

Le premier héros sans arme à feu

Dans ce temps-là, il y avait aussi, à la télé, dans nos rêves et nos jeux, des gars comme Peter Gun, Gene Autry, Lone Ranger ou Danger Man, du monde efficace et inexorablement sérieux, des vrais durs, invincibles, infaillibles, toujours armés jusqu'aux dents, qui ne dormaient jamais que d'un œil, ne riaient pas souvent, n'avaient peur de rien ni de personne et ne manquaient jamais leurs coups...

Les pauvres méchants, qui avaient le malheur d'avoir affaire à eux, tombaient raides morts, une balle en plein cœur. Et nos tueurs favoris n'avaient pas de remords. Dieu, qui est américain, n'était-il pas de leur côté ? Ils avaient raison, car ils étaient les plus forts. Ils avaient des certitudes, de sérieux devoirs à accomplir, une logique à toute épreuve de marque Colt ou Winchester. C'étaient des justiciers, des redresseurs de torts. Absolument tout le contraire de Sol.

Sol a été notre premier héros sans arme à feu, sans éperons, sans veste pare-balles. Il portait déjà de somptueuses loques et des souliers de clown troués. Immanquablement il détraquait toute logique, transgressait joyeusement toutes les lois de la bienséance et de l'étiquette, mettait les pieds dans les plats, prenait son bain tout habillé, mangeait son pain tout enveloppé. Au lieu de souffler comme tout le monde dans sa flûte, il aspirait. « Flûte alors. C'est dur quand on est seulement un aspirant. Je joue de malheur. »

Il tue littéralement de rire

Il a changé complètement les règles de nos jeux, car il était, contrairement à tous les héros conventionnels, du côté des *bons* en même temps que hors-la-loi. Mais surtout (on n'avait jamais vu ça, surtout pas à la télé, surtout pas dans ce temps-là où le *joual* était à la mode), il sortait de son imagination délirante un minerai verbal d'une étonnante richesse, d'une étrange, éblouissante beauté (...)

Aujourd'hui cependant, quand j'écoute ses introspectifs soliloques, il m'arrive parfois de me prendre au sérieux. De me prendre pour une sorte de psy très important et savant à qui l'homme Sol se confie en toute candeur. Il me raconte ses malheurs, ses déboires, son enfance : « Mes parents, ils étaient pas riches, les pôvres... Je peux pas dire que j'ai grandi entre parenthèses. »

Il m'avoue aussi qu'il n'a jamais eu « la main d'artisse », qu'il n'a jamais été « un anarcisse », que « quand j'étais tout petit, j'ai suivi seulement les cours de récréation. J'a même pas eu la chance d'aller à l'adversité ». Et il me répète qu'il ne connaît rien aux femmes, ne comprend rien à la vie, n'a pas de sous, pas d'avenir, qu'il a peur du soleil et de son ombre, qu'il n'est qu'un petit insignifiant, un aspirant, un presque rien.

Nos quatre vérités

Je l'écoute, bienveillant, condescendant, supérieur. Sur mes lèvres, je laisse flotter le sourire auto-suffisant de celui qui a tout, qui a tout compris, qui connaît assez bien les grandeurs et les misères de la vie, de l'amour, qui a sur le dos de beaux habits faits sur mesure, aux pieds des bottes bien cirées, des gros sous dans ses poches, une belle voiture, une confortable maison.

Je n'ai peur de rien, moi. Sauf peut-être que je n'oserais jamais « traversouiller » la rue avec sur le dos le « déficient manteau » que porte le « pôvre petit Sol ». Je ne me vois pas non plus avec ses dégueulasses godasses aux pieds. Je suis un homme efficace, moi, j'ai des certitudes, des devoirs sérieux à accomplir, des responsabilités. Je suis tout le contraire de Sol, moi.

Mais peu à peu, pendant qu'il se raconte, je me mets à penser que je dois avoir, dans ce rôle de psy, une drôle de face à claques. Et je deviens, sans trop savoir pourquoi, vaguement paranoïaque. Je sens qu'un méchant sourire me vient aux lèvres. Ce clochard, ce clown, cette cloche, me dis-je, est en train de rire de moi. Ce n'est plus de lui qu'il parle, c'est de moi. Il est en train de me dire mes quatre vérités ; que je n'en connais pas plus long que lui sur l'amour et les femmes, que j'ai souvent peur moi aussi de

9

« traversouiller » la vie tout seul, qu'il y a encore plein de choses que je ne comprends pas, que je ne suis pas plus libre, ni plus fort, ni meilleur que lui...

Et je deviens plus sérieux encore. J'ai aux lèvres le sourire contraint et inquiet de celui qui ne comprend pas trop ce qui se passe, mais qui ne veut surtout pas que ça paraisse, qui ne veut pas perdre la face. Et pendant un moment je ne la perds pas. On ne perd pas sa face, son sérieux et sa respectabilité aussi facilement !

Je regarde tout autour, dans la salle obscure. Il me semble que tout le monde fait la même tête que moi, le même sourire mièvre et niais. Et je perds enfin mon sérieux. Je ne suis plus seul. Je ris aux éclats. De moi et des autres. Je vois bien qu'on est tous Sol au fond de soi, qu'il est le « pôvre petit moi » de chacun.

Un redresseur de torts

En fin de compte, Sol est à sa manière un redresseur de torts, comme Lone Ranger ou Gene Autry. Comme les héros de mon adolescence, il se démène pour que la vérité éclate et que justice soit faite. Il n'a pas d'armes. Rien que des mots. Emporté par eux, il débouche sur la poésie pure ; et alors il n'y a plus de *méchants*. Que des hors-la-loi. Qui rient, heureux de se savoir enfin Sol. Et libres.

Marc Favreau a déjà dit : « La grande force de Sol, c'est d'être rien. Ça lui permet de jouer à être tout. » Il est le plus petit commun dénominateur, c'est-à-dire qu'il y a en lui quelque chose de chacun de nous. Son personnage ressemble tellement à personne en particulier, que tout le monde finit par se reconnaître en lui. Mais pas immédiatement, pas directement. Sol c'est un négatif, un contretype, comme on dit en photographie.

« J'ai peur de mon ombre », nous dit-il. Et nous pensons : « Il est ridicule. Nous on n'a peur de rien. » Et nous savons que c'est mensonge, que nos beaux habits, nos belles phrases, notre bravoure à toute épreuve, tout ça c'est de la frime. Nous sommes tous des aspirants. Flûte alors !

Georges-Hébert Germain

DE QUOI EST-IL QUESTION ?

Depuis que j'ai ramené mon auguste compagnon sur le
      sol québécois pour faire le plein, il me vide…
      insatiable comme un écurieux, plus il se pose de
      questions, plus je me dois de trouver des
      réponses.

Pourquoi LE PREMIER VENU avait-il déjà la
      bougeotte ?
Que sert à l'homme de gagner du terrain, si l'univers
      est dans la pomme ?
A-t-il de plus en plus besoin de cheminer,
parce que sa résidence est devenue secondaire ?

Pourquoi les grandes Évasions ?
Pourquoi les Claustrogoths ne pouvaient pas tenir en
      place ?
Et les Frangins, pourquoi ont-ils transgressé l'océan
      athlétique ?
Pour découvrir les INDIGENTS, qui étaient au fond de
      joyeux Hurons ?
et pourquoi le Pèrturbateur leur a servi le saumon sur
      la montagne ?
Parce que leurs castors savaient plus quoi faire de leur
      peau ?

Pourquoi le labyrinthologue s'engage-t-il dans la
      narine ?
Est-ce pour gagner la bataille nasale ?
Pourquoi le déchirurgien a-t-il besoin d'une table de
      soustraction pour nous dilapider la rate ?
Et a-t-on vraiment besoin de MÉDICALMANTS pour
      une anémone pernicieuse ou pour une groseille
      nerveuse ?

Et tous ceux qui ont la bougeotte en avion…
est-ce qu'ils savent que c'est la grande blonde,
L'ALTESSE DE L'AIR, qui fait la loi ?

Et maintenant qu'on a dépassé le murmure du son,
    pourquoi la lavette spéciale ?
Quand on est COSTAUNAUTE, qu'on a déjà la lune,
est-ce aussi détergent de faire l'extravaguerre aux
    étoiles ?
Pour aller au-delà de toutes les malaxies ?
Jusque dans l'ozone interdite… ? Et après… Et
    après… ?

Autant de questions auxquelles Sol essaiera de
    répondre, si on veut bien lui prêter une oreille à
    tentatives…

Solidairement vôtre,

Marc Favreau

Le premier venu

La bougeotte, tu sais, c'est pas d'hier.
Ça a commencé y a drôlement longtemps, dans un
    jardin.
Un beau grand jardin très luxurieux,
plein d'arbruisseaux qui roucoulaient...
plein de multiflores qui pétalaient qui pétalaient...
plein de bicornes qui bruminaient partout...
plein de libelles et de voléoptères
qui papillaient parmi les glycérines...

c'était beau... c'était le paradoxe !

Et au beau milieu de ce jardin, y avait un homme
qui vivait là. Tout seul, le pôvre.
Forcément il était pas heureux :

> Qu'est-ce que je fais là tout seul dans ce grand
> jardin ? C'est pas normal. Je suis le premier, bon
> c'est entendu... mais c'est pas une raison pour
> être tout seul... D'autant plus que le premier il
> s'appelle le premier passque derrière y a un
> deuxième...
> et un troisième... et pleins d'autres...
> qui lui marchent sur les jalons...
> Moi j'ai personne derrière... Personne...
> Personne devant non plus !
> Devant moi y a personne, personne à suivre...
> alors je suis personne... ?
> Waaaah... !

Ah ! non, il était pas heureux.

Or, un beau matin, il a été réveillé par une petite voix qui venait de loin : — You hou ! C'est moi !

— Ouille kessekçà ? C'est pas déjà le chant du coquelicot ?

— Mais non, c'est moi, ici, en haut de la bucolline ! Si t'attends encore une seconde, j'arrive…

— Tu parles que j'attends. Depuis le temps que je suis tout seul, j'ai hâte d'avoir une seconde !

Et floc ! qui c'est qui lui tombe tout à coup sur les bras ?
Une belle féminine… toute neuve ! Une belle évanaissante.

— Tu vois comme je suis ? Sitôt descendue de la côte, me voilà. Je saute sur le premier venu.

— Le premier venu, ouais… c'est gentil, encore ! Autrement dit n'importe qui…

— Esscuse, mais j'avais pas le choix, t'étais tout seul. Je te lâche plus. Je serai ta première féminine, et toi tu seras mon homniprésent…

Oh ! mais qu'est-ce que t'as aux yeux ?
T'as les yeux brouillés... plein de
mélancollyre... ?
Mon pôvieux mon pôvieux... si jeune, et déjà
tu déclines de l'œil, c'est grave !

Et comme c'était une belle qu'avait pas froid aux yeux
vite, elle lui a offert une glace :

— Non mais regarde-toi...

— Je veux pas me regarder. Je sais que j'ai une
tête à courte vue. D'ailleurs, chaque fois que
je me regarde, je voudrais me voir ailleurs...

En entendant ça, tout de suite elle a compris
qu'elle avait affaire à un homme qui avait de la
grambition,
qui voulait voir plus loin, toujours pluss et pluss loin !
Et elle l'a aimé très énormément pluss, et s'a mise à
sercher quoi faire quoi faire... comment le satisfaire ?

Or, un beau jour... une de ces jours où la prairie était
verte mur à mur... et que le soleil prenait un bain
chimérique dans l'étang...
Le premier venu préambulait dans le paradoxe, en
croquant une pomme... et marche et marche...
quant tout à coup qu'est-ce qu'il entrevise devant lui ?
Un serpent. Et pas un petit serpiton de rien du tout...

Un gros un grand un serpendiculaire…
dressé devant lui… !
Ah ! bon, qu'il se dit, s'il est déjà tout dressé,
il doit pas être dangereux…

Le pôvre ! il savait pas qu'il avait affaire à un
          serpendicapé
un qui voyait pas plus loin que le bout de sa lancette,
un serpent à lunettes… d'approche pas commode… !

          — Ah ah ! que se dit le serpent en lui voyant la
          pomme, ça doit être lui le pommier !

Et sans lui laisser le temps de se détendre,
il lui grimpigne sur le premier venu, qui osait pas
bouger très complètement vitrifié d'horreur.

Heureusement, sa première femme, qu'était pas loin,
et qui avait du blair, s'approche et se met à flatter
le serpent :

          — Tiens, un serpent… ça me rappelle une
          antidote…
          Ah… quel vermouilleux subreptile !
          Laissez-moi toucher du boa, il paraît que ça
          porte bonheur…

Et flatte et flatte… si bien que le grand versatile
flatté d'être flatté, se met à s'amollir… s'amollir…

et elle, en le voyant tout mou, comme une vraie
    serpillière,
saute sur la pomme d'adam et la donne au serpent :

    — Vous prendrez bien un ver ?

    — C'est gentil, je dis pas non, mais d'habitude
      je bois que dans le mien.

Et elle, pendant que le serpent s'amuse à changer de
pot, elle, très vipéreuse, qu'est-ce qu'elle fait tu
    penses ?
Elle lui pique ses lunettes et les refile à l'homme :

    — Prends ça, prends ça, c'est mieux que rien...
      Plus tard, quand tu seras nombreux,
      tu auras des contacts...

Alors l'homme à lunettes se mit à bramir de
    contentement :
    — Youppi ! l'avenir est dans les yeux !
      Si tu voyais tout ce que j'entraperçois...
      Jamais j'aurai fini d'occulter le lointain !

Là-dessus la voix serpiteuse se mit à siffloter :
    — Du calme, le premier venu. Que sert à
      l'homme de gagner du terrain ?
      Pourquoi courir, quand l'univers est dans la
      pomme ?

— L'univers dans la pomme ?
  Quessapeut vouloir dire ?

— Quand t'auras fait le tour de mon jardin,
  tu seras peut-être un peu plus vieux
  mais t'auras tout compris...

— Bon, je veux bien, mais un dernier petit tour.

Et il se mit à tourner avec ses lunettes, et sa première
femme qui le suivait et qui répétouillait :

— Homme, mon surhomme, ne vois-tu rien
  venir ?

— Non, rien de rien... Mais c'est pas une raison
  pour moisir ici. T'es pas un peu tannée de
  tourner en rond... toujours à la même
  place... ?

  Si on sortait... ?
  Si on allait voir ailleurs si ça bouge... ?

— Alors quoi ? fulmina le serpide qu'avait tout
  ouï, on s'énervouille ? C'est la crise de la
  bougeotte ?

— Je m'ennouille dans ton jardin...

— Tu sais ce qui t'attend sitôt sorti d'ici ?
Finie une fois pour toute la belle vue
imprenable
t'auras fait la bévue la plus impardonnable !
Finies les vacances !
Fini de laisser clapoter tes loisifs au soleil !
Fini de faire le parasite terrestre… !
Sitôt passé la barrière du paradoxe,
tu devras brimer dur, travaller sans relaxe…
et déchiffrer la terre… la sillonner partout…
et quand tu te verras sous la terre souricière
en train de lui faire le creusot dans le noir…
Houille ! que tu seras minable !
Tu devras gagner ton pain à la lueur de tòn
front… !

— Quoi quoi quoi ? Pour qui sont ces sornettes
qui sifflent à nos oreilles ?
Écoute-moi bien serpent : J'en ai jusque-là !
J'en peux plus de tourner en rond, tout seul…
tout seul avec ma première femme…
Si je sors pas d'ici, jamais je pourrai dire :
J'en ai vu d'autres… !

— Bon parfait j'ai compris.
Je me fatigue plus les nœurones.
Tu veux sortir, vas-y, tant pis pour toi.

Si tu tiens plus à rien, même à garder ta place...

Si tu rêves de rouler ta bosse de sept lieues...
Et si tu veux venger tous les sentiers battus
en battant la campagne sur son propre terrain...

Si t'as placé tes sous dans une saltimbanque
au lieu de tout risquer en jouant à la roulotte...

Si t'en peux plus de voir les fourmis à tes genoux
si tu penses qu'à sortir de ta démangeaison...

Si t'as de plus en plus besoin de cheminer
passque ta résidence est devenue secondaire...

Et surtout surtout si tu sais prendre ton pied
et le mettre devant l'autre

Alors va ! Tu seras un hommade, mon fils... !

Là-dessus ils sont sortis en courant,
Ils entendaient même plus le serpent leur crier :

    — Bon voyage quand même...
       Et tu peux garder mes lunettes !
       Mais attention c'est important : si tu veux
       voyager loin, ménage la monture... !

Sitôt passé la porte, ils avaient senti
un drôle de courant d'air.

— Youppi ! enfin ça bouge…
À nous les lendemains qui changent !

Et se sont mis à gambiller, et marche et marche…
tout enchantés en chantant :

— You hou… on est là… y a quelqu'un ?

Mais personne répondait, forcément, alors très vite
ils ont désenchanté… Pluss ils marchaient
pluss ça changeait, mais pluss ça changeait pire
c'était…
Ils devaient s'enfoncer dans la frousse épaisse…
pleine de loustics… ils devaient graver des montagnes
très énormes, couvertes de blanches neiges
sempiternelles…

C'était dur… de pluss en pluss froid…
et comme ils étaient pas habitouillés ils devaient
se couvrir comme ils pouvaient
ils rencontraient des bêtes qui leur laissaient leurs
oripeaux c'était dur…

Puis un jour qu'ils étaient très complètement
transsibériens tous les deux, elle décida de rester
couchée…

— Kesstufaislà ? c'est pas la manière de se
réchauffer
faut bouger... debout et que ça saute !

— Pas question. Je suis bien, je reste là.

— Je te comprends pas...

— J'attends la bise...

Et le premier venu, qu'était pas vite de comprenure
a réflexioné très fort en son faible intérieur
et fin finalement il a compris...

— Ouille que je suis bête ! Bien sûr elle attend la
bise... Pourquoi j'y avais pas pensé ?

Et sans perdre une seconde, il se glisse à côté d'elle.
Et c'est là que pour la première fois, l'homme a senti
qu'il avait de la veine...
de se retrouver comme dans de beaux bras...
Et il restait sans bouger, il attendait la bise lui aussi...

Et quand la bise fut venue
comme il avait des idées sur l'avenir...
il ôta tranquillement ses lunettes...
et lui fit des jumelles... !

Elle en fut si tant tellement contente
qu'elle les porta plusieurs mois...

Et à partir de là, ils ont plus jamais arrêté.
Tous les soirs,
comme ils avaient rien d'autre à faire...
et comme ils avaient pas signé de contraception
ils pratiquaient la continuance...
Ils laissaient venir la bise......
et ils se décuplaient... ils se décuplaient...

Tant tellement qu'un jour il a senti
que ça poussait derrière lui...

    — C'est sûrement mon passé qui me rappelle à
      lui.

Mais comme il avait le passé simple,
il se retourne, jette un œillet
et découvre plein de monde qui poussait
des gros, des grands qui poussaient...
même les petits poussaient aussi...

    — Regarde derrière nous,
      y a tout un peuplier qui nous pousse...

    — Mais c'est notre arbre qui nous fait des petits !

    — Notre arbre ? quel arbre ?

— S'il nous donne des rameaux, et autant de
    racines…
    mais ce sera génial ! Notre arbre
    génialogique… !

— Moi je dis ça suffit !
    Assez poussé n'importe comment…
    Avant d'être dépassé par les avènements
    j'impose le contrôle des essences…

— Pas question ! Vous tous qui nous suivez
    écoutez-moi, c'est votre vieille souche
    qui se rappelle à vous…
    Arborigènes de toutes les couleurs, unissez-
    vous !
    Soyez futaie… Ne vous laissez pas abattre
    par ceux qui crient conifère ! conifère !
    Y a du pin sur la plante…
    Allez-y… au bouleau !
    Vous nous avez vu prolifaire ?
    alors faites-en autant… et même davantage… !

Cueillez dès l'aubépine les choux-fleurs de la vie…
prenez-en de la graine
car il faudra semer, et les uns et les autres…

Ainsi vous pourrez dire à votre condescendance :
Si tu prétends rester à l'avant garde fou...
Si tu sais ni lâcher ni perdre les pétales...
S'il te suffit d'une fleur pour arroser les sots...
Si tu sais être fort sans être pédoncule...
Si tu peux tolérer tous tes ombellifrères...
et si tu sais gagner le cœur d'une chlorofille
un peu, beaucoup, et pluss...
jusqu'à la follicule

Alors va, tu seras un géranium, mon fils... !

Les indigents

À partir de là, ça été la bougeotte pour de bon.
Tout le monde s'a mis à bouger.
Bien sûr, à force de bouger, y en a qui finissaient
par trouver un coin tranquille, alors ils disaient :
> Stop ! on va s'installationner pour un bout de
> temps.

Alors pour garder leurs chèvrefeuilles et leurs broutons
ils constructionnaient des murs,
et pour garder leurs enfants,
petit à petit, ils faisaient des enceintes...
Et ils travaillaient la prioriterre,
pour qu'elle devienne riche...
Mais les autres, les hommades, qui bougeaient
toujours, quand ils voyaient ça, ils s'énervouillaient :
> Ah ah... en voilà qui bougent pas...
> C'est sûrement des excédentaires !
Et ils déboulaient sur eux à toute vitesse, ils entraient
dans le pillage, ils fondaient sur les friandises,
ils fourraient tout dans leur grand saccage,
et ils partaient avec...
Forcément, les excédentaires devenaient vite excédés,
alors ils déménageaient, ils arrivaient chez d'autres,
ils piquaient tout ce qui traînait là, pour qu'ils
deviennent eux aussi des hommades...
Ah ! oui ça bougeait.
Sur toutes les routes, on voyait des convois...
ça convoitait partout...

Les uns étaient des barbus, les autres des apostrogoths,
des divisigoths… et surtout des claustrogoths
qui arrivaient pas à rester en place, et qui voulaient
avoir la peau du grand vampire romain…

Ah ! oui, ça bougeait… !

C'était le temps des grandes évasions.

Les rustiques sautaient sur les polonius…
les angulaires sonnaient les klaxons, et les klaxons
liquidaient les scotches…
puis c'étaient les épagneuls sur les croustillants,
et les croustillants sur les grands flandrins…
les finauds sur les suaves, et les suaves
sur les danubes…
les cretons sur les normaux…
et les acerbes sur les cloaques…

et c'était comme ça pendant des centenaires
et des centenaires…
Et attention, ça bougeait pas n'importe comment,
mais toujours dans le même sens,
ça bougeait toujours vers l'ouest.
C'est normal passque ceux qui étaient à l'est,
c'étaient eux les premiers levés, à cause du soleil…
et comme ils voulaient pas le perdre le soleil, quand
ils décampaient, ils le suivaient…
C'était la ruée vers l'ouest.

Et à force de se décamper comme ça, les uns les
autres, à force de pousser, y en a qui sont arrivés
au bord de la mer…
Et ceux-là ils ont pas eu le choix,
ils se sont jetés à l'eau…
Et ils s'accrochaient au premier petit bateau venu,
et ils se laissaient aller… vogue la galette… !
Ils se laissaient aller loin, de pluss en pluss loin…
et pluss ils allaient au large, pluss c'était dur…
Ils avaient tout l'océan à passer…
c'était la transe athlétique… !

Ils arrivaient pas tous, d'ailleurs…
Mais les premiers qui sont arrivés de l'autre côté,
ça a été les épagneuls, ils ont débarqué dans un pays
et ils l'ont appelé la chimérique…

La chimérique platine, passque le pays était riche,
très énormément riche… C'était pas encore comme
aujourd'hui l'anémique du sud…
En tout cas, les épagneuls, en voyant ça,
ils ont dit : C'est trop beau, on reste.
Et sans perdre une seconde, ils ont commencé la
plantation, ils plantaient, ils plantaient leur drapeau
un peu partout… *ils plantaient leurs épées*

Et après les épagneuls, y en a eu d'autres qui se sont
jetés à l'eau… comme les angulaires, les frangins…

Les frangins ils ont quitté la frange et sont partis
en mer, mais comme ils voulaient pas faire comme
les épagneuls, ils ont dérivé vers un pays
pluss au nord… Ça a été long…
ça leur a pris un bon trois mâts…
C'était long surtout passque sur le bateau
y avait plein de monde, mais personne travaillait.
Derrière y avait le petit monnier, qui jouait à la
        roulette…
Devant y avait… le grand gaillard d'avant,
toujours debout, le nez dans la dunette…
pour voir venir la terre…
Et les autres, ils passaient leur temps à échanger de
bord… tantôt à babine… tantôt à tribune…
et vice versant… Ils faisaient le pont… !
De temps en temps, ils donnaient un coup de
torchon… ils essuyaient… ils essuyaient les tempêtes…
les pires torsades, les syphons épouffroyables…
Et toujours ils avaient peur.
Surtout passqu'ils savaient pas où ils allaient…
ils voyaient que de l'eau, de l'eau jusqu'à l'érosion…

Le grand gaillard d'avant, lui il avait pas peur.
Il savait pas non plus où il allait, mais il faisait
        semblant…

—TERRE.

Il leur disait: Faut pas avoir peur.
    Regardez-moi. Est-ce que j'ai peur moi ?
    Tout jeune déjà, quand je me suis engagé
    dans la marinade, quand j'étais seulement
    le petit mousseux en haillons…
    Déjà j'avais pas peur…
    Et ensuite pendant des années
    que j'ai fait du cabotinage le long des côtes,
    j'avais toujours pas peur…
    Et maintenant que je vous ai embarqués
    avec moi, dans cette expunition,
    vous voulez qu'on rebrousse voile ?
    vous voulez qu'on revienne grenouille… ?

Et le soir, pour les calmer pluss,
il leur racontait toutes sortes d'histoires,
surtout des récifs de naufrages…
et comment il avait échappé
à l'anticyclope des açores…

Et le temps passait passait… tant tellement
qu'un jour, après avoir essuyé pendant
des semaines et des semaines,
tout à coup, paf ! elle était là devant eux…
Alors ils se sont mis à crier terre ! terre !
et le gaillard d'avant a dit :

    C'est drôle, on dirait que ça fait
    une frange, comme chez nous…

Mes amis, voilà votre nouvelle frange… !
Nous allons débarquer… Mais attention !
Comme on sait pas quel écueil on nous réserve,
soyons prudents, et mettons les cadeaux à la
mer… Et ramez ramez vite, il faut arriver
avant que la terre ferme… !

Mais pendant ce temps-là, y avait des drôles
de bizarres qui faisaient le camping au bord de l'eau.
Ils fumaient voluteusement, calumètement,
drapés dans leur carapatience peu verbiale…
et ils les voyaient venir… avec leur œil carquois :
        Qui ça peut bien être ceux-là… ?
        En tout cas ils ont l'air contents d'arriver…

Et vite, ils se sont cachés derrière
les arbres, pour leur faire une surprise.
Et quand les frangins ont mis le pied marin
à terre, ils ont découvert le pays…
Et tout de suite ils ont fait une croix dessus,
pour se rappeler où c'était.
Puis ils ont crié : Sortez de derrière les arbres !
        Trop tard, on vous a vus… Vous êtes découverts !
Et comme ils sortaient pas, et que les autres
s'énervouillaient, y a un grand qui s'est avancé,
un grand avec une grande robscurantique… :

34

Doucement, c'est sûrement des indigents,
il s'agit pas de les frictionner...
Laissez-moi faire, et même si j'ai pas
leur langue dans ma poche, je peux leur agresser
quelques maux...
J'ai toujours eu l'âme d'un visionnaire...

Et là-dessus, il a sorti un grand rouleau,
et il leur a servi le saumon sur la montagne :
    Mes bien chers indigents, c'est le pèrturbateur
    qui vous parle. Si nous avons condescendu
    sur votre atterritoire, c'est pour mieux le
    convertir...

    Stop ! Une seconde...(qu'a répondu le chef
    des indigents)... Esscusez-moi de vous couper
    la bonne parole... Mais on vous voye venir...
    Vous venez descendre nos rivières...
    et relever nos lacs...

voler nos rase-marmottes...
faucher nos prés colombiens...
Et nous ? Vous avez pensé à nous, pôvres indigents ?
Avec vos barrages...
tous nos brochets d'avenir seront à l'eau...
toutes nos réserves seront des truites... ?
Et nos castors ? Pôvres castors...
ils sauront plus quoi faire de leur peau... ?

Nous on dit non ! Quand on vous voye arriver
les outardes nous montent au nez !

Calmez-vous, chers indigents, on est pas là pour vous
faire perdre le nord...
On est là passqu'on veut votre bien...
Pensez... depuis le temps que vous êtes
laborigènes ici, vous avez besoin de vacances...
Laissez-nous faire,
et vous allez connaître les joies de la servilisation...
Vous aurez même un jour la persécurité sociale...
Et ce sera la fin de toutes vos tribunations inouîtes...

Ah !..., répondit le chef en souriant,
C'est le plus beau massage que nous ayons reçu...
Un si beau saumon mérite la plus belle chute...

    Et laissant tomber son couvre-chef,
      il se fouilla le porte-plume, et posa sa sinécure.

...Vous avez de la chance de tomber sur nous...,
continua le chef, vous auriez pu tomber sur
des piroquois, des ecchymoses ou des fatalgonquins !
Nous on serait plutôt des joyeux hurons...

    Et le grand gaillard jubilationnait, tout content :

Chers indigents, merci de votre corroboration...
Et maintenant, la surprise du chef !

Vous avez peut-être un passé…
Mais nous avons des présents… !

Alors là ça a été la folie, tous les indigents
se sont mis à danser: Vive la transe ! Vive la transe !

Et les frangins ont sorti leurs présents :
des miroirs ! Plein de petits miroirs…
que les indigents regardaient, tous contents
d'être deux fois plus nombreux…
Et comme c'étaient pas des sauvages,
et comme les tribus ils connaissaient bien…
en échange, ils ont donné des fourrures…
ils ont rempli le bateau de fourrures.
Puis le bateau est reparti.
Mais la plupart des frangins sont restés,
ils en avaient jusque-là du bateau…
Alors les indigents ont pensé :
      Ils sont là pour rester…
      C'est les premiers collants qu'on ait eus…

Et les premiers collants se sont mis au bouleau,
et ils ont dit aux indigents : Vous travaillez pas ?

      Pas besoin de travaller, nous on a la pêche…
      D'ailleurs, avec tous nos lacs et nos rivières,
      une grève attend pas l'autre…

Mais les collants, eux, ils arrêtaient pas.
Ils plantaient leur culture, leurs maisons, la famille...
Tant tellement qu'un jour, les indigents
se sont posé la question :
      Dis donc, chef, ils commencent à être plusieurs...
      Ils prennent drôlement de la place...
      On les garde ou on les renvoie chez eux ?

Et le chef a jamais trouvé de réponses.
Il était bien embêté... Il se disait :

      Le coup des petits miroirs, c'était très joli...
      mais maintenant qu'on les a tous brisés,
      faut se préparer à quelques centenaires
      de malchance...

Et les collants, de leur côté, ils ruminaient :

      Elle nous a drôlement laissés tomber
      notre amère patrie...
      Et notre grand gaillard d'avant,
      qui nous a découvert ce fichu pays...
      avant de repartir, il aurait pu au moins
      penser à le recouvrir...
      depuis ce temps-là on gèle ici... !

Les oisifs

j'essaie depuis longtemps
j'essaie d'avoir des amis
mais ça marche pas
oui bon
y a bien des chiens qui me courent après
toutes sortes de chiens
des espagnols des petits kinois
des poinsettias des matamores
des labradouilles des grosses boules d'ogre
des grands polissons
et même des daltoniens
qui me mettent leurs petits points noirs
plein les yeux
pluss un grand danube mélancolorique
qui me lâche pas
mais c'est pas pareil
c'est pas des vrais amis
c'est même pas moi qu'ils suivent
ils se suivent eux-mêmes
la queue leu leu
ils se suivent et se ressemblent pas

non moi
qu'est-ce que j'aimerais avoir comme amis?
c'est les oisifs
j'aimerais avoir plein de petits migrateurs
qui viendraient dans ma main
faire le ramasse-miettes

ça manque pas les oisifs
je les voye qui me volatilent autour
des petits goineaux des passerelles
des poinçons des corbeilles
des grivoises des sansonniers
des étourdis qui passent engoulevent pshuitt
à la fauvette
au-dessus du nid de casse-cou

et des pluss gros aussi
comme des bassines
et des tourtières et des plumards
et des escarcelles
et des troupeaux d'édredons
suivis de leurs petits coussins

et ça passe
pas un oisif qui s'arrête
j'ai beau passer des heures
à faire le perchoir les bras comme ça
ils viennent pas
ils m'aiment pas c'est sûr
c'est épouvantail

et moi je reste là
tout seul
à tourner en rond comme un radar sauvage

qui fait des petits signes
tournesol tournesol
ça finit par donner la migraine

ça passe ça file les oisifs
et même des fois ça revient pas
comme mes colombes

j'avais trois colombes
trois petites bien de chez nous
et un jour elles sont parties
les colombes quand ça a le pignon voyageur
ça déménage
elles ont migrationné vers l'absud
et elles ont stoppé en chemin
pas tellement loin
dans la décapitale
ça leur a fait perdre la tête bien sûr
elles ont commencé à crier pêt pêt pêêêt
ça leur a enflammé l'alouette
ce qui leur a donné la rouge gorge

et alors elles ont pris le couvoir
et se sont mises à pontifier pontifiment
un peu partout
en roulant des yeux exorbitants
elles se prenaient pour des faucons
et pour mieux épervier tout le monde

elles se sont entourées
de toutes sortes de carapaces qui abusent
des carapaces de la pire espiègle
à deux têtes et à deux langues
qui cessent pas de crier
tant mieux si le condort
le vautour est toujours debout

pôvres petites colombes
elles se sont perdues
je les reverrai plus jamais ici
c'est dur de se faire des amis...

l'adversité

moi
pôvre petit moi
j'a jamais été instructionné
c'est pas ma faute
quand j'étais tout petit
j'a suivi seulement les cours
de récréation
et après
il paraît que l'école
c'est secondaire
alors

ensuite
j'a même pas eu la chance d'aller à l'adversité
c'est elle qui a venue à moi

quand même j'aurais aimé ça
ç'aurait été vermouilleux
je me voye entrer à l'adversité
ouille alors
d'abord j'aurais passé l'exgamin d'entrée
ah oui
il m'aurait laissé passer
l'exgamin
bien sûr
passeque j'aurais été gentil
je serais pas arrivé là
en faisant mon frais de scolarité
c'est sûr

et après
j'aurais travallé fort

j'aurais pris le droit

le droit d'aller derrière le barreau
pour défendre la verve et l'ortolan
j'aurais fait des plaidoyens esstradinaires
des plaidoyens à l'emporte-piastre

je sais pas
je dis ça

peut-être aussi
j'aurais été autre chose
peut-être
j'aurais été déchirurgien
ouille oui
je me voye toujours accompagné
d'une belle sirène épidermique
pour piquer la curieuseté
peut-être
j'aurais été un dentisse
mais alors là
pas un dentisse comme les autres
j'aurais travallé quand j'aurais voulu
j'aurais été un indépendentisse
j'aurais enlevé une dent sur dix

en tout cas
en sortant de là
j'aurais été quelqu'un
ça c'est sûr
peut-être même quelqu'un de bien
peut-être un grand homme
peut-être un homme grand
peut-être un major d'homme
qui fait son servile militaire

peut-être j'aurais été plus fort encore
peut-être je serais devenu un expion célèbre
qui se laisse jamais avoir
et qui mange toujours
avec sa cuiller à soupçons

peut-être j'aurais été mieux encore
peut-être j'aurais été un héron
un héron de naguère
avec une amputation internationale

peut-être j'aurais été un déménagogue
ou un despotentat

ou même mieux encore
un dictaphone
un dictaphone à la voix nazillarde
peut-être pluss fort encore
j'aurais été un démonarque très énormément riche
toujours assis sur son trône
empire que pire

peut-être encore pluss mieux
pluss fort
peut-être j'aurais été pluss richessement riche
tous les jours
ç'aurait été le festin de la banquette
tous les jours
le carnivore de nice
la folie des grandes heures

j'aurais été un énormateur
un très énormateur
un très énormateur trillionnaire
un très énormateur trillionnaire mécréancier
complètement paquebot sur la merditerranée
qui nourrit des vicomptes de dépanse
avec des entrecôtes d'azur...

les œufs limpides

les œufs limpides c'est pas d'hier
mais je vas quand même essayer
d'en faire l'hystérique complet

il y a très très énormément jadis
les œufs limpides sont naquis dans la grèce
c'était un beau pays alors
avec de belles montagnes partout
et des chèvres
qui grimpignaient dessus
en broutant des olives

bien sûr dans ce temps-là les grecs
ils étaient pas tant tellement
instructionnés
ils savaient compter seulement jusqu'à zeus
quand ils arrivaient à trois
c'était la guerre

ils savaient faire autre chose quand même
ils savaient constructionner
de belles ruines toutes neuves
ils auscultaient des statues sans bras
qu'ils mettaient partout
sur de grands pieds détestables
c'était beau alors

49

mais un jour les pôvres grecs
ils avaient tant tellement constructionné
qu'ils avaient plus rien à faire
alors là ç'a été une extrêmeclamation
ouille c'est le chôming
c'est la catapostrophe
tout de suitement
le conseil des sinistres s'a réuni
en circonférence
autour d'une table ronde
et il s'a demandé quoi faire quoi faire quoi faire
comme d'habitude

un vieux s'a levé qui a dit
je propositionne de faire la guerre
ça serait bon pour occupassionner les jeunes

tout le monde là-dessus s'a esclafouillé
ça va pas non?
faire la guerre
c'est bien beau
mais où?
on fait pas la guerre comme ça
tout seul dans son petit coin
où?
à l'est peut-être?

à l'est ils commencent à nous voir venir
avec leurs yeux persans
à l'ouest?
waff
à l'ouest rien de nouveau
bien sûr à l'ouest
y a la gaule
mais c'est pas un but
et au sud
kesskenia au sud kesskenia?
au sud c'est l'égyspe
un pays pas intérexant l'égyspe
un pays où y a rien
pas de montagnes pas de collines
rien
nil
c'est là que le premier sinistre
a interventionné tout humide
peut-être avec un petit concours
on pourrait intérexer les jeunes
et tout le monde a répétouillé
bravo bravo bonne idée
un concours un concours un concours

et là il s'est passé un chose esstradinaire
tout près de là y avait un cuisinier
avec un flambeau
en train de flamber des cervelles

51

quand il a entendu ça
il a compris cours cours cours
alors il a pris son flambeau
passeque c'était la nuit
et il s'a mis à courir
et tout le monde a dit
où tu cours comme ça marmiton?
et tout le monde a couru
le marmiton

c'est là que ç'a été
le vrai commencing des œufs limpides
les grecs ils ont pas perdu de temps alors
tout de suite ils ont organouillé un stère
un stère des sports
pas un gros pour commencer
un petit
un ministère
et ç'a marché très fort
parce que les grecs
ils avaient peut-être le cœur antique
mais ils avaient aussi le pied d'athlète
et ils étaient crasses les grecs

et ils sont devenus pluss crasses encore
ils sont devenus démoncrasses
et ils ont dit à tout le monde

venez venez faire du participing
dans les œufs limpides avec nous
venez
et tout le monde a dit oui
même le fanfaron d'égyspe
qui a envoyé ses gyspiens
pour courir le marmiton
pôvres gyspiens
il fallait les voir essayer de courir de profil
jamais ils ont été capables
ils ont dû se contenter de faire la pyramide

mais ç'a pas été les seuls dans les œufs limpides
y en a d'autres qui sont venus
les romains par exemple
très fort les romains
c'est eux qui levaient les alter ego
et les turcs très forts à la lutte
qui envoyaient les autres rouler sur leur tapis
et puis les perses
qui sont arrivés avec leur chat assibyclette
ils venaient faire le lancement du chat à vélo
les perses

puis y a eu la gaule
qui avait délégingandé un grand
son pluss grand
qu'avait les yeux pluss grands que la france

qui se tenait toujours droit
comme un i grec
et qui parlait toujours en général
il a dit nous serons là nous serons là
avec un sport bien de chez nous
le rugby le soccer ou le football

quand ils ont entendu ça les angleterriens
ils ont bien rigolé
et comme ils ont toujours des trucs dans leur manche
ils ont réflexionné

ce grand-là
il veut nous mettre en boîte
d'accord on va y aller avec la boxe
c'était normal pour les angleterriens
ils sont habitouillés à l'arène alors

et puis leurs cousins germains sont arrivés
bizarres ceux-là
ils sont venus avec un drôle de sport
un sport de naguère
l'excrime
et puis les amiricains ouille
ceux-là
ils venaient faire le lancement du dixe
le dixe populaire
il en avait partout partout
ils avaient amené
une grande table très énormément tournante
et ils faisaient des tours et des tours
comme ça pour lancer le dixe
trente-trois
c'était beau c'était beau

c'était pas pluss beau que les rustres quand même
ouille ceux-là
fallait les voir arriver alors
moujik en tête

et ça courait derrière
avec leur soviette autour du cou
les rustres
ils venaient faire le lancement du marteau
par-dessus la fossette
et en révolutionnant sur eux-mêmes bien sûr

et c'est pas tout
il en a venu d'autres
il a venu des professeurs de course
des tas
il en a venu de partout
c'était les 400 maîtres
et puis des sots
ouille alors
ça des sots y en avait
toutes sortes de sots
des sots en hauteur
des sots en longueur
des sots entre pros frondeurs
des sots par-dessus le mouton
des sots à la perchaude
les sots les plus bizarres
les sots les plus grenus

et tout ça
c'était les œufs limpides

et ç'a continouillé même après les grecs
pendant des centenaires des millionnaires
et un jour
ici
il y a pas tant tellement longtemps
le premier magextra de la métropoule
s'a réveillonné un beau matin
il a jeté un œil dehors
et il a entraperçu
que tous les piroquois de la ville
étaient changés en arbres
ouille qu'il a dit
c'est le moment
et il a monté au balcon
en exclamationnant
— mes chers conmitoyens
regardez ma ville

ici c'est comme dans la grèce
on a une montagne
on a des ausculteurs physiques
et des ruines
on en aura bien un jour
donc je déclarationne maintenant
je suis préparassionné
à recevoir les œufs limpides
êtes-vous d'accord?

et la majorette silencieuse elle a répondu
elle a pas répondu
parce que la majorette silencieuse
elle a toujours l'opinion pudique
en tout cas elle a pas dit non
et dans son langage ça veut dire oui

bien sûr tout le monde était pas d'accord
il y en a même qui se sont levés en protestant
pour demander le révérendum
et c'est là que le serpent de mer s'a fâché
non non non
jamais
pas question
rien à faire
pas de révérendum

non
je vas me débrouillarder tout seul
c'est mon affaire
je connais ça les œufs limpides quand même
laissez-moi faire
je vas vous constructionner
la pluss esstradinaire esstrade limpide jamais vue
et ça va vous coûter
waff

c'est pas d'hier que je cojote ça
je connais ça j'a voyaginé
je sais comment ils font ailleurs
ils s'énervouillent pas
ils y vont tranquillement
avec patience avec prudence avec tact
on va faire comme eux
on va prendre leur patience leur prudence leur tact
et même leur architacte s'il le faut
et je vous le dis
moi
votre serpent de mer
je vous le dis
rien n'est trop beau
ni trop cher
pour notre belle métropoule aux œufs d'or
et je le déclarationne
je suis prêt à recevoir les œufs

et il les a reçus le serpent

les œufs sont arrivés chez nous
venus de l'autre côté de l'océan athlétique
et on a flambé ça
ça n'a flambé qu'un seul été
mais c'était beau c'était beau

faut pas croire que c'est fini
les œufs limpides c'est jamais fini
comme le tonneau dadanaïf
toujours ça recommence

et bien sûr ça vieillit
ça donne de pluss en pluss de champignons

pôvres champignons
moi je voudrais les aider
quoi faire quoi faire
pour être un vrai participe présent?
pour que ça tourne pas au mélodrome
pour que les œufs soyent pas brouillés
j'ai beau réflexionner très fort
dans mon faible intérieur
la vieille moto me revient toujours
la vieille moto qui dit
mens sana in corpore sano
même dans le sauna incorpore les anneaux

voilà
faut être patient
c'est une question d'anneaux
je le dis avec amphore
rien ne cerf à nadia de bramer sur la poutre
et si le jupon dépasse le coureur
faut sortir l'écheveau de l'incurie

c'est dur
se mettre au régymnastique
pendant des anneaux et des anneaux
c'est dur
ne pas se laisser entraîner
dans les bars parallèles
par n'importe qui
les entraîneurs ça rode un peu partout
ça rêve de champignons sur le podium
et le podium c'est grave
quand le champignon s'adonne au podium
c'est la fin
l'œuphorie

pourquoi se fatiguer?
dansons le discobole
et détendons achille

si la médaille dort
pourquoi la réveiller?...

Les bout d'jouet

c'est important les sous
très énormément important
les sous
moi j'en a jamais vu
mais ça c'est pas ma faute
y en avait pas chez nous
mes parents ils étaient pas riches les pôvres
ils étaient comiquement faibles
je peux pas dire que j'ai grandi entre parenthèses
et il faisait froid chez nous
il faisait froid je m'en souviens
passeque quand la substance sociale
elle venait à la maison
elle nous disait toujours
c'est passeque vous mangez pas assez
faut manger
faut pas avoir peur de manger
vous avez besoin de calorifères
alors là un jour
mon père s'a décidé
on les a tous mangés
ouille c'est dur
quand y a des petits bouts droits ça va
mais quand ça serpentouille
ça passe pas

moi je m'a jamais habitouillé
ça me restait là
et c'était pire après
passeque il faisait encore pluss froid
dans la maison

et ça coûte cher ce petit jeu-là
drôlement cher

là il faut dire quand même
que la substance sociale elle a été gentille
elle nous a donné un bon truc
elle nous a dit
c'est passeque vous savez pas vous organouiller
voilà vous faites du gaspilling

dans la vie
faut pas faire de dépensing n'importe comment
faut avoir un bout d'jouet
faxile à dire
qu'a répondu mon perplexe
il faut dire que lui a jamais réussi à s'organouiller
d'ailleurs ils sont rares les gens
qui sont capables de s'organouiller
avec un bout d'jouet
c'est pas faxile
même les coiffeurs
ils sont rares les coiffeurs

qui arrivent à boucler leur bout d'jouet
y a qu'à voir les gens comment ils font du gaspilling
comment ils dépensouillent
ils arrêtent pas
ils s'achètent des autos
ils ont même pas les moyeux
et ça roule ça roule sur les routes
et allez donc
et quand ils voyent un petit panier au bord de la route
ils stoppent et jettent l'argent par les fenêtres

et ensuite quand ils se rendent compte
qu'ils roulent sur une banqueroute
il est trop tard

y en a y en a
qui savent s'organouiller
c'est sûr
mais alors là attention
ceux-là ils sont pas bêtes
ils restent pas tout seuls
ils se détiennent en compagnie
et la première chose qu'ils font
ils constructionnent un beau grand piège
très moderne
très beau
plein d'étages et tout et tout
et là

tout le monde très curieux vient voir
et ça entre et ça entre
et quand le piège il est plein
ils sont pris les pôtres
ils sont obligationnés de travaller
c'est le piège social
bien sûr tout le monde travalle pas fort
dans le piège
non
y a tout un étage
par exemple
pour la condébilité
ils sont innombreux là-dedans
mais y en a seulement deux qui travallent
l'actif et le passif
même qu'ils arrivent jamais à travaller ensemble
ils sont jamais d'accord

mais les autres
qu'est-ce qu'ils font les autres?
ils jouent avec le bout d'jouet
c'est agréable le bout d'jouet bien sûr
ça s'étire c'est mou
y a toujours un petit trou au bout
y en a toujours un qui découvre le petit trou
et il souffle
et le petit bout d'jouet il gonfle

et puis un autre se met à souffler
et un autre et un autre et un autre
et le pôvre bout d'jouet
il a pas le choix
il gonfle gonfle et devient très énorme
et puis quand ils sont fatigués
qu'est-ce qu'ils font les lâches?
ils le lâchent
et le bout d'jouet qu'a deviendu tout gros tout rond
il monte monte
il crève les plafonds
il va de bourreau en bourreau
et se fait gonfler encore
pôvre petit bout d'jouet

mais le pire
c'est quand il arrive au bourreau d'achat
il a pas de temps à perdre le bourreau d'achat
quand il le voye arriver le bout d'jouet
il lui donne un grand coup de gonfling comme ça
et le pôvre bout d'jouet devient pluss énorme
très énormément pluss énorme
et il monte encore jusqu'en haut
jusqu'au bout
jusqu'au bourreau de la direction
et là c'est grave
c'est terriblifique
passeque le bourreau de la direction

il aime pas ça les bouts d'jouet
surtout les gros
ça l'énervouille
et là il appelle tout le monde autour de lui
il appelle ses diminustrateurs
et ils prennent des mesures
ils prennent leur temps
ils prennent des moyens
des petits et des grands
pour dégonfler le bout d'jouet

des fois ils y arrivent pas
c'est trop déficit
alors là y a qu'une chose à faire
ils appellent le super viseur
et alors là attention
celui-là il est fort
il sait viser
il rate jamais
PAF
pffuitt
et le pôvre bout d'jouet
c'est pas long
il redescend à la condébilité

ouille oui alors
ça c'est des gens qui savent s'organouiller
dans leur piège

mais mon père lui il savait pas
il a essayé quand même
faut le dire
il a essayé une fois

et comme il était prudent
il a dit
on va avoir deux bouts d'jouet
un de rechange

seulement il a pas eu de chance

quand son premier bout d'jouet a été assez gros
le pôvre il a tombé sur un vil brequin de la finance
PAF
il a éclabouillé
et l'autre petit bout d'jouet
il a eu peur
il s'a dégonflé pffuitt
et ç'a été fini
plus jamais jamais
on a réussi à rejoindre les deux bouts...

L'électroluxe

tous les quatre ans à peu près
ça nous tombe dessus
la ville est invasionnée par la campagne
et par les candides ah les candides ah
alors on fait le grand ménage
on vide la chambrée
et on nettoye
et on aspire
c'est un électroluxe qu'on se paye
on se met à quatre cinq six
sur le même siège
et on aspire on aspire
et c'est le meilleur aspirateur
qui gagne
il garde le siège
et le dossier avec
ah les candides ah
toujours la même sempritournelle

— chers amis chers électrons
je suis pas là pour vous faire des pommettes
la lutte est serrée
elle étouffe
nous avons des adversailles de terre
et si l'heure est grave
la nôtre aussi
écoutez-les nos adversailles
ils vous disent que tout va bien

eh bien non
ils sont dans l'horreur
tout va mal
très énormément mal
y a qu'à voir les horriblifiques malheurs
qui nous varicellent dessus
la confiture est de moins en moins économique
le produit national de pluss en pluss brut
et ils prétentionnent que ça va bien

puis quand ils savent plus quoi dire
il s'esscusent
le garnement n'a pas de paternative
c'est la bourse ou la vis
faxile à dire la bourse ou la vis
quand la bourse a la mine basse
qu'est-ce qu'ils font?
ils serrent la vis
et le résultat?
le gamin d'œuvre n'a plus d'ouvrage
et là ils sont fiers
passequ'ils ont l'assurance chaumière
mais c'est pas mieux
avec l'assurance chaumière
même les maisons ne travallent plus

et quand leur truc colle pas
ils font le contraire

ils desserrent la vis
et la bourse se remplit
et là mes chers électrons
c'est pire
quand la bourse est pleine
tout le monde dépensouille
comme des fous
comme si y avait le feu
d'ailleurs ça donne l'inflammation
tout le monde s'assaisonne
avec la salière minimum

non
mes dents et mes yeux
je vous le dis
nous sommes au bord de la bine
et quand nous serons accumulés
au pied du murmure
il sera trop tard

de l'attentisme au pacifisme
y a qu'un pas
le pas de loi des mesures de naguère
et qui
je vous le demande
qui paiera le conte de l'amère loi?
allons-nous nous laisser traire?
allons-nous attendre le retour des lois blanches?

non chers électrons
je vous en supplice
prêtez-moi une oreille à tentative
y a qu'une chose à faire
fini le repas du guerrier
il faut passer à la taxe

ouille alors
là quand il entend des dixcours comme ça
le bon sens ne fait qu'un tour
il se dit
les candides ah
pauvres candides
faudrait quand même leur donner leur siège
ah oui
un siège éjectable
pshouitt...

Le solide à terre

j'ai l'air de rien comme ça
mais les femmes je les connais
ouille oui
c'est pas passeque je suis pas mariné
que je connais pas les femmes
je les connais drôlement
même que j'a eu de la chance

la première que j'a connue
j'étais tout petit bébé
je suis nénufort un jour sous une belle étoile
d'un père inconnutôt
et d'une mère courage

ma mère je la connaissais déjà
depuis longtemps
depuis des mois
depuis que j'étais minuxcule

c'était une femme esstradinaire
une femme
d'intérieur agréable
j'étais bien chez elle
je flottais
j'étais comme dans la mère

mais ça a pas duré
un jour elle a dit
qu'elle pouvait plus me supporter
que j'étais devenu son inflation
et elle m'a mis à la porte
sprouitch

moi quand j'a vu
comment c'était dehors
tout de suite alors j'a pas perdu de temps
j'ai fait waaah waaah
waaah waaah
waaah

alors ma mère qui était très bonne pour moi
m'a pris dans ses grands doigts de féminine
et elle m'a versé dans mon verseau
et tout de suite je m'a calmé
c'était un bon signe

donne-lui tout de même à boire
lui dit mon père

là ç'a été complicaillé
pôvre petit bébé que j'étais
je savais pas

ça sait pas un bébé
quand on est grand
on est habitouillé
on sait choisir
mais le bébé il sait pas
il sait pas à quel sein se dévouer
pour lui c'est la mère à boire

heureusement ma mère
était très énormément nourrissante
et j'ai eu une enfance mâle et heureuse
elle était bonne pour moi ma mère
elle s'occupassionnait de moi toute la journée
le matin l'après-midi le soir
même la nuit elle s'occupassionnait de moi
c'était une mère veilleuse

bien sûr un jour
comme tout le monde
un jour
je suis été à l'école
non
il faut pas que j'exagérationne
je suis été seulement une demi-journée

oui
passeque quand je suis arrivé là
j'avais le cœur qui pilpatait
et les spatules qui grelottaient
j'étais tout tumide devant la demoiselle
faut dire que c'était ma première maîtresse alors

en tout cas j'a pas pu rester
j'a continouillé l'école dans la nature
là j'a appris des choses
j'a appris les abeilles les fleurs
ouille les abeilles
c'est vermouilleux
faut les voir sortir de leur cruche le matin
et ça travalle
ça l'arrête pas
toujours ça fleurette
ça lutine de fleur en fleur pour faire le mièvre
ça transpollène

les fleurs c'est pas pareil
les fleurs ça sait rien faire
ça bouge pas
oui des fois
ça tourne un peu avec le soleil
ça sait rien
ça sait rien faire
ça saurait même pas faire un bébé-fleur

s'il y avait pas les abeilles
et ça sait même pas se défendre
ça s'émotionne pour un oui ou pour un non
j'en a vu une l'autre jour
entre deux amoureux
je t'aime
un petit peu
beaucoup
très pluss
avec passoire
à la folie
ç'a pas été long
elle a perdu les pétales la pôvre

un peu pluss tard
j'a fait l'école frissonnière
et j'a appris les filles
la première que j'a apprise
elle était toute jeune toute petite
seulement à demignonne
pas mûre encore toute verte
mais elle sentait bon
une vraie chlorofille

tous les jours on se voyait dans le parc
sur un banc pudique
c'était beau c'était beau
c'était l'amour plate eunuque bien sûr

c'est pluss tard
très pluss
que les vraies femmes ont entrées dans mon excitence
les femmes ouille

ça c'est un monde vous pouvez pas savoir
en tout cas
moi
je savais pas
je savais rien
je savais pas comment
je savais même pas par quel bout comment c'est

alors au début du commencing
j'a fait de l'observing
pour voir comment ça marche
et c'est là que j'a décidé de faire du suiving
ç'a l'air de rien le suiving
mais faut le faire
c'est pas faxile
ça marche ces bestioles-là
ça marche
et pluss elles sont belles
pluss elles marchent vite

peut-être elles poursuivent la mode
ça se peut
un jour j'étais le suivant

d'une belle grande qui trottinette
tout à coup
elle stoppe
elle pousse une porte
et elle pénétrationne dans un grand bourdonnoir
plein de femmes
et derrière sur une très plateforme
un grand mornequin se baladandinait

et ça dure comme ça
pendant des heures et des heures
et les femmes regardent ça
toute molles et pâmoisives

c'est là que j'a compris que les femmes
elles sont admirationnelles
passeque pour faire le suiving de la mode
il en faut du courrège

en tout cas mon suiving à moi
était terriblifique
je pouvais pas me décisionner
à choisir
je les suivais toutes
j'étais épuisaillé
faut dire qu'elles sont innombreuses
les femmes

dans l'ancien autrefois
à la belle époxe
il y en avait moins c'est sûr
un monsieur qui voulait faire du suiving
c'était pas complexé
il enfilait ses élégants
il mettait son chapeau de forme
prenait sa cannette
glissait une arrière-pensée à sa boutonnière
puis allait faire du promening sur les grands buvards
il était pas pressé
c'est seulement quand il en voyait une
tant tellement diafemme
qu'il faisait du suiving

et ça pouvait durer des heures et des heures
il attendait que le mouchoir tombe
et alors il le ramassait
et c'est là seulement là
qu'il pouvait montrer sa galantine

maintenant
non
maintenant on pourrait pas faire ça
on pourrait pas ouille non
on passerait son temps à ramasser
des vieux klinesques alors

d'ailleurs le suiving de nos jours
ça peut être dangereux
on est pas sûr qui on suit
ça dépend de la mode
des fois c'est équivogue
c'est pour ça qu'un jour j'a dit
je stoppe le suiving complètement
à partir de désormais
je va les voir venir de fastre

c'est comme ça que c'est arrivé
un jour j'en a vu venir une
je la voyais bien
elle transgressait la rue
elle venait vers moi
et tout à coup
frroutch
ploc
elle m'a jeté la foudre aux yeux
elle était belle
une belle grande grassouilleuse
vermouilleuse
sensalionnelle
avec un profil de soie
deux grandes paupiettes qui battaient
sur ses grands yeux au miroir
un érotique

une langoureuse
et de longs cheveux sauvages
qui galopinaient sur ses épaulettes
et sa vitrine de pigeon

tout de suite alors
tout de suite j'ai senti mon inflation

tout de suite je me suis sentimental
j'imaginationnais qu'elle s'appelait
Sollange
avec deux ailes bien sûr

je la revoye
je la revoye souvent
tous les jours
non
tous les soirs à la brunette
elle déambuline sur le trottinoir
jamais pressée
en catinmini
et elle passe devant moi
et elle repasse et repasse encore et encore
ouille moi je la dévorationne
je l'idole
elle
elle me regarde jamais

une fois oui une fois
elle m'a fait un petit sourire gentil
alors moi j'a voulu la saluer comme ça
et elle m'a mis un sou dans la main

jamais j'a compris pourquoi
en tout cas elle était troublinée
et j'a bien vu qu'elle était trixte
la pôvre petite
et j'a compris pourquoi

quand elle fait du marching comme ça
tous les soirs à la même place
c'est pas pour rien
c'est pour attendre son amoureux
et la pôvre
pôvre petite
elle a pas de chance
c'est jamais le même
qui la prend par la main

alors moi quand je visionne ça
je me dis
moi je pourrais la consoler

et je rêve je rêve je rêve
que je suis son aimant
je nous voye tous les deux

dans un apparfaitement luxurieux
dans un grand lit confrottable
un beau grand libido

elle
diafine et transporeuse
très complètement sans dessus dessous
les yeux pleins d'étoiles de jouy
suspendue à mon cou de foudre
et moi alors je suis son héron
je m'extirpassionne
je deviens démontionnel
je la bécassine partout
nous faisons des globules
nous cupidons pendant des heures

mais la pôvre petite
comme elle aime pas les pastilles
elle a un petit bébé
puis un autre et un autre et un autre
et bientôt il y en a partout
il y en a plein
il y en a des tonnes
ça pilule
et comme elle est pas habitouillée
elle s'énervouille bien sûr

et elle se fâche
moi aussi
et on se lance des gromosomes
et puis un beau jour ça y est
elle prend son chapeau
elle prend son sac
elle enfile ses slogants
et elle s'en va dans la rue travaller
pour la libre ration de la famélique

pôvre pôvre petit moi
ma vie devient terriblifique
avec des bébés partout
je sais plus quoi faire quoi faire
j'ouvre une paternelle
je crie famille

et c'est là que je me réveillonne
toujours quand le rêve
il devient crochemar

alors là je dis à tout le monde
attention
c'est très énormément important
il faut se remembrer
la vie avec une femme
c'est plein de puérils

c'est pour ça que j'aime mieux rester solide à terre
ouille oui alors
j'aime mieux ça
que faire naître au monde
plein de pôvres
pôvres petits sous-sol...

La cellulite

la santé
tu sais ma petite
ça tient à rien

souvent même c'est maladif
la santé

tiens par exemple
tu sais jamais
si un jour tu feras pas de la cellulite
terriblifique la cellulite
c'est une maladie qui vient comme ça
en mangeant

tiens suppositionnes
que tu entres dans une tapisserie
tu manges un gâteau
deux gâteaux
trois gâteaux
plein de gâteaux
là c'est grave
t'es sûre de payer pour ça pluss tard
surtout si tu payes pas tout de suite
si tu sors sans payer
alors là on te rentre en-dedans
et là
t'es sûre de faire de la cellulite

et là t'es malade
d'abord tu peux pas sortir
tu restes enfermée entre quatre murmures
pas question de sortir avant d'être guérie
et ça peut prendre des mois des années
y a qu'une chose à faire
rester là détendue
c'est la détention toute la journée

bien sûr quand tu fais de la cellulite
t'es pas toute seule
y a plein de gardes
qui s'occupassionnent de toi
et c'est pas des garde-malades

non
c'est des gardes en santé
ils sont là pour ta persécurité les gardes
ils te rendent toutes sortes de petits sévices
ils sont toujours là
les yeux sur toi
pôvres gardes
c'est fatigant
toujours l'alarme à l'œil

alors des fois
ils ont le goût de prendre l'air
ils t'emmènent
ils te prennent par la menotte
pour faire le promening dans la cour
et là faut pas penser
que c'est une cour d'appel
tu peux crier bien sûr
mais ça dérange personne
personne écoute
personne fait attention là
même les oreilles ont des murs
d'ailleurs pluss tu cries
pluss les gardes sont gentils
ils te ramènent doucement
ils t'engeôlent

mais y a une chose qu'ils te disent pas
(c'est des petits cachottiers)
ils te disent pas que c'est mieux de pas crier
autrement c'est pluss long à guérir
pluss tu cries
pluss tu feras de la cellulite
longtemps
et tu sauras jamais
quand tu pourras manger encore
des gâteaux

91

sûrement pas avant la fin
de la grève
de la faim
de la grève
de la fin
de la grève
de la faim
de la grève
de la fin
de la grève
de la faim
de la grève
de la fin
de la grève
de la faim...

!

Médicalmant parlent

Quand j'étais petit mon perplexe me disait toujours :
« La santé ça passe avant tout ! »
Et c'est vrai qu'elle passe la santé.
Même que des fois elle nous dépasse, et on court
on court pour la rattraper, et pluss on court,
pluss on est fatigué…
et moins on la rattrape… et quand on l'a perdue de vue
la santé, quand on l'a perdue pour de bon…
quand on se retrouve dans un fauteuil croulant,
c'est là qu'on comprend que dans la vie c'est la santé
qu'a le pluss d'impotence…

Bien sûr y en a qui font boff ! c'est pas grave,
les docteurs sont là pour nous la rattraper, la santé !
Moi ça me fat bien rigoler. Quand on connaît les
        docteurs…
Tiens, suppositionne que ça va pas, qu'est-ce que tu
        fais ?
Tu cours chez le docteur. Tu cours pas vite passque
il peut pas te voir tout de suite comme ça, c'est long…
C'est pas n'importe quel docteur, c'est un
        omnipatricien,
un qui soigne de la tête aux pieds… c'est long…
T'arrives chez lui, y a déjà plein de gens qui attendent,
qui sont là depuis drôlement longtemps…
y a qu'à voir les revues, vieilles de six mois
qu'ils sont en train d'effeuiller…
Et c'est là que t'apprends à devenir patient…
patient… patient… surtout quand tu sais pas lire…

93

Et fin finalement on t'appelle, c'est ton tour
et il te reçoit, l'emphétamine radieuse et le sourcil
bronzé (forcément, il revient de vacances !)
il te regarde, plein de convalescence pour toi :

> — Vous, ça va pas... vous avez le teint
> faramineux, vous êtes lipide...

> — Docteur, j'arrive pas à dormir.

> — Du calme. On va vous soulager.

Sont tous pareils les docteurs, ils peuvent pas
s'empêcher de soulager tout le monde. Toi quand
t'entends ça tu peux être sûr qu'on va t'enlever quelque
    chose...
Et tout de suite tu comprends, qu'un docteur
c'est pas là pour donner, c'est là pour prendre.
Et pluss t'es malade pluss il te prend.
Il te prend ton pouls
il te prend le tempérament
il te prend la tension caractérielle...
puis il prend sa grande médaille qui lui pend toujours
sur le centre médical, et il te promène ça tout froid
dans le dos...

> — Ouille ! qu'est-ce que c'est ?
> — C'est un tétanoscope. Respirez...
> — Ça sert à quoi ?

— Respirez !
— Ça sert à respirer ?
— Ça sert à écouter. Respirez !
— Et quand on écoute, qu'est-ce que ça dit ?
— Ça diagnostique ! Bon, ça suffit, je vous le
   demande pour la dernière fois, respirez !!!
— Ouille, si je respire pour la dernière fois,
   je vas mourir !
— Respirez encore… Bombez l'entorse…
   remplissez
   vos poupons… je veux entendre les tronches…

Toi, tu voudrais qu'il te parle de ta maladie, mais
non :

— Toussez… toussez… Maintenant ouvrez…
   ouvrez tout grand… faites aaaaah…
   tirez la langue… aaaaah… !

Et toi t'es patient, tu fais tout ça, pour lui faire plaisir.
D'autant pluss que c'est facile : depuis que t'es haut
comme ça que tu respires, que tu tires la langue…
Puis il range son écoutille, et il t'étend très
complètement couché… et il te pointe un grand doigt
dans les côtelettes…
et il te déprime le diagramme…
il te fait des palpouilles partout…

95

— Et quand vous étiez jeune, vous avez eu des
  maladies ? Des maladies contactuelles ?
— Non, jamais eu de maladies contrarieuses.
— Vous avez jamais été rougeaud, ni bariolé ?
  jamais eu la périphérie ? la radicelle ?
  la galopine ? l'anémone pernicieuse ?
— Non. Tout petit j'ai été vexé contre tout ça…
  j'étais déjà pasteurisé contre les pires
  épiphanies de coléreuse… et même le
  typhon…
— Et plus tard à l'école…
— Là ç'a été plus dur, passque j'étais mou…
  je faisais pas assez de sporadique…
  j'avais la crécelle pleine de calculs, je
  souffrais de mathématite…
  la langue me faisait souffrir mille maux…
  ça m'a donné la subjonctivite…
  des fois je pouvais pas répondre, je faisais
  de l'absentéite… et quand je répondais
  je me sentais insolite…
  de pluss en pluss je faisais de l'iphigénie…
  un jour on m'a même fait subir une
  géographie !
  Et à partir de là ç'a été fini… c'était l'ineptie
  très complète… devant le tableau je restais
  spongieux pendant des heures et des heures…
— Bon bon, c'est très simple mon cher ami, vous
  manquez de sommier… C'est sûrement les
  yeux… Faut aller voir un spécifique.

Et là-dessus il te gribouille un bout de papier, et tu
cours chez le spécifique :

— Docteur j'arrive pas à dormir, je veux me faire
occulter.
— Laissez-moi faire, les yeux ça me regarde.

Et il te promène son petit rayon jusqu'au fond du
globulaire.

— Docteur j'ai peur, je voudrais pas devenir
presbytaire...
— Mmmm...Vous avez les yeux exorbitants... et
la goupille drôlement dilapidée... Mais c'est
pas grave... y a pas de décollement de la
crétine... la corniche est solide...
— Peut-être mais le matin quand je me regarde
les yeux au miroir, je vois un point noir... et
quand je fixe le point il devient plusieurs...
Je pense que j'ai l'œil gauche...
— C'est très simple : demain à l'hôpital je vous
fais disparaître les points. J'enlève tout.
— Ouille non je veux pas ! Chaque jour y en a
pluss. Chaque jour je gagne des points... !
— Parfait. Si vous voulez garder l'œil gauche
c'est votre droit. Vous aimez mieux attendre
pour vous faire obtempérer ? attendre de
devenir complètement cataractériel ?

C'est votre affaire. Seulement je vous préventionne :
Quand vous verrez plus rien,
pas la peine de revenir me voir !
De toute manière, quand on est le genre comme vous à se faire tirer l'oreille, on a surtout besoin de l'oto-rino...
— Loto-rino c'est amusant... c'est un nouveau jeu ?
— L'oto-rino c'est celui qui s'occupe
des joies respiratoires !

Alors tu perds pas une seconde, tu cours tu cours chez le nouveau spécifique, c'est un gros, un dur, un otoritaire un otorinoféroce !
Il te reçoit comme un chien dans une jonquille...

— C'est pour le nez ? Les œilles ? Faut rien me cacher je suis labyrinthologue !
— Docteur je dors pas, j'ai comme un bourbon dans l'oreille... ça vrombine... ça me turbine le pimpant... J'ai peur de l'absurdité !
— Je sens que ça dépend du nez !

Et là-dessus il s'engage dans la narine.

— Oh ! oh !... Vous avez les cyniques très complètement bouchés... ça végète là-dedans ! Vous sentez quelque chose ?

— Non, j'ai beau me sentir, je sens rien...
— Alors, vous êtes malodorant !
— Ouille non, je sens pas fort !
— Bon, si vous sentez rien, vous êtes
malodorant. Je connais des malvoyants, des
malentendants... pourquoi vous seriez pas
malodorant ?
— Juxtement passque je sens rien !
— Bon bon, laissez tomber, c'est un
malentendu... On va voir plus bas. Ouvrez !

Et il descend, il s'enfonce dans ton labyrinx...
jusque derrière la fluette...

— Ah ! ah !... le goulot est bouché... et encore
plus bas c'est tout écarlatine... mais vous avez
le gésier braisé ! Oh ! mais c'est eux... c'est
les amidons qui flammèchent, c'est eux les
coupables...
— Ouille ! coupables, vous êtes sûr ?
— Je suis parégorique ! Avec un point
d'inflammation ! Coupables ! On va vous les
annuler vos amidons ! Ça va pas traîner !

Et c'est comme ça que tu te retrouves à l'hôpital.
Tout de suite on te prend. D'abord t'es pris par l'odeur
affreuse qui flotte dans le chloridor...

Puis c'est les formalités qui te prennent...
plein de formalités... ils te prennent ta sinécure...
et tu trouves ça bizarre, c'est toi qui signes
mais c'est eux qui vont prendre les incisions...

Eux ils déclinent toutes reprochabilités.

Toi tu t'énervouilles, tu dis c'est grave...
Mais eux ils s'en fichent que ton bobo soye grave...
Du moment que t'as l'assurance-maladive, ça les
        arrange...
Et ça continouille... encore et encore des formalités...
c'est pas long tu deviens toi-même une formalité...
dans une salle... entouré d'autres formalités...

Et là tu te dis : J'espère que je serai pas soigné par un
petit docteur haut comme ça, tout frais sorti de la
facultative... un petit tout triste... un nain terne...
Non, j'aimerais bien qu'elles soyent deux autour de
moi, une grande oblongue... et une petite prunelle !
Je sais je sais qu'elles vont m'oublier souvent...
qu'elles viendront pas me border
passqu'elles seront débordées...
Tant pis, j'aime quand même mieux être soigné par
        mégarde...

De toute manière, t'as pas le choix tu le sais bien
faut que tu soyes patient patient patient...
alors tu restes là, couché sur ton insomnie,

et tu penses tu penses…
tu penses qu'y en a tellement
de pluss mal pris que toi…
Ceux qui patience depuis dix ans, très
      encadréplégiques…
Ceux qui comptent gouttes…
goutte à goutte, en salle d'attente à oxygène…
et qui prolongent les derniers maux
d'une phrase interminale…

Ceux qui sont pris par la panique…
l'horriblifique… la pire de toutes !
celle qui commence petite rumeur…
qui se répand… bouche à oreille…
et qui grandit rumeur maligne…
qui commence platonique et qui finit panique !
celle qui chavire le cœur…
celle qui fait peur… même aux amis !
celle qui te donne le sein drôle, tout drôle…
qui te crie c'est fini…
fini de se mélanger à corps et à cris…
trop tard… trop tard pour les amours propres !
Je te tiens je te tiens…
et j'étreins j'étreins… j'étreins !

Et juste au moment où t'allais t'endormir
on te réveille
sur une table à roulettes
et on te roule…. jusqu'à la salle d'aberration.

Là c'est tout beau, tout propre,
plein de tables en apoplexie
avec leurs pattes mercurochrome…
Tout le monde t'attend, stérile et sceptique
comme les ustensiles qui mouillent dans leur
      bécassine…
Dans un coin, t'en vois un qui s'en lave les mains
d'avance… c'est sûrement le déchirurgien…
Juste au-dessus de toi s'allume une grande soucoupe
toute pleine d'ampoules très hallucinogènes…
un autre docteur s'amène, un grand
tout efflanqué d'une belle sirène épidermique…
pour te piquer la curiosité…
     — Restez calme, vous sentirez rien.
Et tu le reconnais, c'est celui qui endort, c'est lui :
c'est l'euthanasiste !
Et clac ! il te fait l'injonction vénéneuse…
et tu restes là, l'œil comme un hangar…
t'attends t'attends…

     — C'est drôle docteur, j'arrive pas à dormir…
     — Normal. Autrefois, pour un oui pour un non,
       on endormait toujours d'un bout à l'autre,
       maintenant on a compris, on fait des
       économies,
       on endort un tout petit morceau à la fois…
     — Ouille quoi ? Je vas tout voir et tout
       entendre ?
       Je vas rester glucide ?

— Oui, mais sans dire un mot. Je vous ai fait une
    euthanasie vocale !
Et c'est vrai, tu vois tout...
tu vois le grand déchirurgien avec son tablier
on lui enfile ses ongants... il s'approche...
il s'approche... Ça y est, il va se mettre à table !
Tu te dis : C'est bizarre, c'est lui qui a les ustensiles
et c'est moi qui a la trousse... !
Et il regarde, il tâtonne le morceau qui l'intéresse
et il pointe son grand doigt...
et on te barbouille de teinture anodine...
et hop ! ça y est, il devient opérationnel :
Il prend son incisif... et zip !
c'est l'ouverture éclair... !

Et là ça se met à bouger, très vite très vite
on lui passe des pincettes... des forçures...
des tenouilles et des cisules...
et il se met à farfouiner...
Et c'est là que tu comprends que t'es pas étendu
sur n'importe quelle table... non
c'est la table de soustraction !
Tu te sens de moins en moins chez toi.
Les autres sont là autour qui jettent un œil dans ton
ouverture... ça les amuse...
c'est pour ça d'ailleurs qu'ils portent un masque...
c'est pas pour les enthousiasmes qui pourraient
    t'infester
non, c'est pour que tu les vois pas rigoler... !

Et le déchirurgien il s'amuse lui aussi
il coupe par-ci par-là... pour effrayer son chemin
à travers tes vipères et tes gourganes...
il se taille un raccourci pour aller plus vite...
Et les autres à côté se mettent à tamponner...
et il coupe et il pince... et ça rigole et ça rigole...
et pluss ça rigole pluss ça tamponne...
T'as même pas le temps de te faire du mauvais sang
on te l'enlève...
Mais toi tu t'en fiches, tu sens rien.
Même le déchirurgien tu peux pas le sentir...

Et pourtant il est bon pour toi,
il s'occupe de ton intérieur, pendant que t'es pas là...
Il en profite. Il fait le grand ménage.
Il enlève tout ce qui traîne
il t'enlève l'ablation...
il te soutire le pancrace...
il t'ouvre la boîte crâneuse
et il te prélève un caillou dans le cerveau...
il te fait sauter le vestibule...
il te dilue l'hippocrate...
ah ! non, il perd pas son temps
à te réduire le collatéral...
à te poser une colle au fémur...
à te griffer une moelleuse épinette...
à te poser un dissimulateur spartiate...
à te faire un pontage qui rime à rien
pour un cœur qui va tenir à des artificelles...

Non, il fait seulement ce qui est futile.
Et shlack ! la grande tyrolienne...
et vlac ! la phosphate... !
et prrrouit ! il t'abrège le festin grêle... !

Et tout ce temps-là, le seul qui a pas l'œil sur toi
c'est l'euthanasiste...
il a pas le temps, il regarde une petite rétrovision
avec toujours la même image: ... bip... bip... bip...
Et seulement quand ça se met à faire un long
        biiiiiii... !
là il se lance sur toi, il te soulève la paupiette...
mais c'est trop tard, tu le vois plus...
t'as déjà perdu consistance...

Et quand tu reviens à lui, c'est fini
l'autre est en train de faire de la haute couture...
il te rafistule...
Tu te retrouves tout seul dans la salle de rumination
tu te regardes et tout ce que tu vois
c'est une grande mystificatrice qui te coupe en deux...
avec des petits points de stupeur un peu partout...

Alors tu te sens léger léger...
forcément, avec tout ce qu'on t'a ôté
t'es drôlement soulagé...

Et quand tu sors de l'hôpital, t'es content, c'est fini.
Et le docteur te donne un papier :
> — Voilà votre proscriptum. Apprendre deux fois
> par jour entre les repos.
> Oubliez pas c'est important.
> Et je vous dis bravo ! vous avez une forte
> constipation. Bonne chance, et au revoir...

Et tu pars avec ton papier, t'essayes de lire,
t'essayes... tu comprends rien...
tu t'énervouilles
tu cours chez le pharmaceutique :

> — Ouille aidez-moi je suis mal pris ! J'ai un
> proscriptum du docteur : apprendre deux fois
> par jour... apprendre
> apprendre... c'est facile à dire... j'arrive même
> pas à lire...
> — Donnez-moi ça et calmez-vous...
> — Je veux pas retourner à l'hôpital, j'ai peur...
> — Il est pas question de retourner...
> — Le docteur m'a dit : au revoir ! Je suis sûr
> qu'il a oublié de m'enlever quelque chose
> encore...
> — Du calme... ici on n'enlève rien, mais ce qui
> reste on le fait durer... Je vais vous préparer
> votre médicalmant.

Le pharmaceutique, c'est vraiment lui qui se
préoccupassionne de ta santé. C'est vrai qu'il t'enlève
        rien,
il te donne ! Et c'est facile pour lui, il a tout.
Toi, chez toi, t'as une petite boîte au mur avec un
miroir et t'appelles ça une pharmacie... waff !
c'est rien... Tu devrais voir ça chez le
        pharmaceutique...
les murs sont pleins de bouteilles, de flocons, de petits
pothicaires partout... et il s'amuse à travers tout ça...
il batifiole... Il a tout pour guérir...
J'ai un chat dans la gorge ?
il a toujours un sirop pour matou...
T'arrives chez lui avec la vitamine basse ?
c'est que tu manques de calorifères...
Tu te sens comme un petit comprimé ?
Paf ! il te remonte avec un cachet d'aspirante...
Tu peux pas fermer l'œil ? il t'assommnifère,
et c'est pas long tu dors sur tes deux oreillons...
T'as la mélancolique abdominale ?
vite, un purgatoire...
T'as la mauvaise gestion ? T'as trop mangé deux
grands plats de torticolis ? vite, il te fait boire
un bicarburate ou du lait d'amnésie...
et t'oublies tout...

Il a tout, même pour soigner toutes les piqûres...
de l'ursuline jusqu'à la courtisane...

107

Il a tout. Il a tout vu le pharmaceutique…
il connaît les éprouvettes de tout le monde…
Ceux qui ont mal dans les mollusques…
ceux qui font de l'embargo…
ceux qui ont les spatules qui frotulent…
ceux qui se sentent mal… qui se sentent plus…
et même qui se centenairent…

Alors quand tu sors de chez lui, tu te sens mieux
t'es sûr de pouvoir traverser la rubéole… sans
        bronchite !

Moi en tout cas, le pharmaceutique il me fait rêver…
Des fois, je rêve que je suis une pilule…
une toute petite pilule… et je suis là sur ma tablette…
et je vois entrer une belle féminine tout énervouillée,
avec son petit papier :

> — Monsieur monsieur, on me suit… je suis
>   suivie…
> — Et qui est-ce qui vous suit ?
> — C'est mon génicollègue… !
>   Il me suit depuis des semaines…
>   Je suis sûre qu'il me suit à cause de ma
>   protubérance !

Alors il jette un œil sur le proscriptum :
    — Ma pôvre madame, faut pas vous en faire…
    Votre inflation, c'est une groseille nerveuse
    Je vais vous donner quelque chose…

Et il me prend, moi, sur ma tablette…
et je pars avec la jolie féminine…
et je deviens sa pilule à elle…
sa pilule très complètement anti-exceptionnelle… !

Le crépuscule des vieux

Des fois j'ai hâte d'être un vieux:
ils sont bien les vieux,
on est bon pour eux,
ils sont bien,
ils ont personne qui les force à travaller,
on veut pas qu'ils se fatiguent,
même que la plusspart du temps on les laisse pas
finir leur ouvrage,
on les stoppe, on les interruptionne,
on les retraite fermée,
on leur donne leur appréhension de vieillesse
et ils sont en vacances . . .

Ah ils sont bien les vieux!

Et puis, comme ils ont fini de grandir,
ils ont pas besoin de manger tant tellement beaucoup,
ils ont personne qui les force à manger,
alors de temps en temps
ils se croquevillent un petit biscuit
ou bien ils se ratartinent du pain
avec du beurre d'arrache-pied
ou bien ils regardent pousser leur rhubarbe
dans leur soupe . . .

Ils sont bien . . .
Jamais ils sont pressés non plus,
ils ont tout leur bon vieux temps,
ils ont personne qui les force à aller vite,

111

ils peuvent mettre des heures et des heures
à tergiverser la rue . . .
Et pluss ils sont vieux, pluss on est bon pour eux,
on les laisse même plus marcher,
on les roule . . .

Et puis d'ailleurs ils auraient même pas besoin
de sortir du tout,
ils ont personne qui les attendresse . . .

Et l'hiver . . . Ouille, l'hiver
c'est là qu'ils sont le mieux, les vieux,
ils ont pas besoin de douzaines de quatorze soleils . . .
non
on leur donne un foyer,
un beau petit foyer modique
qui décrépite,
pour qu'ils se chaufferettent les mitaines . . .

Ouille, oui l'hiver ils sont bien,
ils sont drôlement bien isolés . . .

Ils ont personne qui les dérange,
personne pour les empêcher de bercer
leur ennuitouflé . . .
Tranquillement ils effeuillettent
et revisionnent leur jeunesse rétroactive
qu'ils oubliettent à mesure
sur leur vieille malcommode . . .

Ah ils sont bien!

Sur leur guéridon par exemple
ils ont toujours une bouteille
petite
bleue
et quand ils ont des maux, les vieux,
des maux qu'ils peuvent pas comprendre
des maux myxtères
alors à la petite cuiller
ils les endorlotent et les amadouillettent . . .

Ils ont personne qui les garde malades,
ils ont personne pour les assister soucieux . . .

Ils sont drôlement bien.

Ils ont même pas besoin d'horloge non plus
pour entendre les aiguilles
tricoter les secondes . . .

Ils ont personne qui les empêche d'avoir
l'oreillette en dedans
pour écouter leur cœur
qui greline
et qui frilotte
pour écouter leur cœur se débattre tout seul . . .
Ils ont personne qui . . .
ils ont personne . . .

personne

Pôvres petites couleurs

J'aimerais tant tellement les aider
c'est pas toujours drôle la vie d'une couleur
c'est pas toujours rose . . .

Quand elle est toute petite la couleur
la première chose qu'on lui fait
on l'emprisouille dans un pot ou dans un tube
toute seule!
Jamais deux couleurs ensemble!
Elles se connaissent pas encore les couleurs
elles peuvent pas encore se voir en peinture . . .

Puis un jour comme ça par hasard
l'artisse se réveillonne et se fâche:
on a pas le droit de mettre les couleurs en prison!
Y a qu'à voir le monde
le monde est grisonnant, trixte et mélancolorique . . .
Finies les idées noires!

Et alors le grand totomatisse
devient fauvette,
il écrabouine les tubes,
il déboussole les pots,
il libérationne les couleurs et les tartine
sur une grande toile très impressionnisée . . .

Et c'est un cacao esstradinaire!

Les couleurs sont folles furieusement braques!
Elles se mésangent
et se soulagent et se superpositionnent
et se condimentationnent arc-en-cielement.
Ça vermillonne partout
le rouge gorge le noir de son carmindigo
et chauffe le violet qui fond et se guimauve . . .
et l'émerôde
l'émerôde autour des bleus
qui se turquoisent
et s'azurent et se grisent . . .
la terre fait des siennes
et dérouille les embruns . . .
le jaune se laisse aller
le jaune devient médiocre et bientôt passe au vert
vert de terre vert-de-gris et vert de jalousie . . . !

Et ça roule sur la toile
et ça roule et ça gerbe de soleil en folie
ça mirote
et ça mousse
et ça devient léger
ça moduglianise dans tous les demi-tons
l'orange cramoisit dans le buffet kaki
le matériau pèle
l'outremer déborduase
inondant la palette de chrome envahinée
qui écarlate enfin
dans une apothérose émouvantablement supercolorifique!

Mais ça finit pas là.
La toile il faut la faire sécher;
on la sort, on l'étend sur la galerie
et alors là tout un monde se précipitationne
c'est l'attraction lyrique
et pas n'importe quel monde:
un monde très gratiné
toutes sortes de collationneurs de chèvres d'œuf
toutes sortes d'épicurieux
des grignoteurs de pistachistes
des dadamateurs de peinture contemporeuse
des brosseurs de tabloïds
qui peignent fin de siècle
des exhibibites en oblongues
qui ratent jamais un vermicelle
et qui viennent là pour visonner . . .
et ça clapote et ça clapote . . .

Mais le vrai tergivernissage
c'est quand les hypocritiques arrivent.
Ils se reconnaissent bien les hypocritiques
ils arrivent toujours en habit de rigueur
ou en imper réaliste . . .
Ils viennent pas là pour faire du plaisanting
ils sont là pour casser la croûte!
Ils zyeutent ils scrutent ils examinouillent
ils manque rien
pas un petit bétail qui leur écharpe

ils ont l'œil impardonnable
et le jugement dernier . . . !

Et ils s'extasent, ils s'évermouillent,
ils se formalinent de tout
et se défulminent de rien,
ils deviennent vitupérationnels
et se racontent d'amères disances et des calcomanies . . .
mais ils s'expressionnent tant complexement
que nous on comprend rien . . .
Ils ont sûrement la langue trop fermétique!

Et pourtant y en a des choses à voir
des choses à dire sur la toile,
elle est là, elle se laisse faire,
y a qu'à la regarder la toile . . .

C'est un gigantesque pic-à-braque de guitares
en multi-cubes . . .
C'est un trésor
un riche trésor dalidada
plein de lèvres qui susurréalisent et se béquillent
dans un désert de montres molluxes . . .
Un peu partout des nez
toutes sortes de nez
des nez au cube
des nez au réalisse
des nez au futurisse
de longs nez qui s'arrêtent et font demi-tour eiffel . . .

Ici c'est une ancienne belle qui magritte à vue d'œil
on la soutine
on lui fait une chirico-plasticine . . .
Plus haut c'est une chagallerie
qui plane et qui parachutise des ânes
avec leurs émules à bec . . .
Des vipères réalistes sortent de partout
en longs kimonochromes
qui motorisent le porc du bikini . . .
L'art s'amuse
et se popcornemuse . . .

Mais la toile aime pas ça,
la toile refuse global son jeune cadre angulaire . . .
Ça gronde et ça gromaire au loin
et bientôt la grenadine explositionne . . .
C'est la guernicasso!
L'affreuse qui coupe les chevaux en quatre
et sanguine les toros!
L'art exprimitif!
L'art cri!
L'art graphigne tant tellement l'environning
l'art devient cinétique si frénétique si tant bernétique
qu'on est obligé de l'enfermer
dans un muselé
avec de grandes portes pleines de fermetures . . .

Et c'est fini
la pôvre petite couleur est encore emprisouillée
elle voyera plus personne
seulement le vieux conserviteur du muselé
qui fait son promening
et qui garde
sans regarder . . .

L'odieux visuel

Non
les arts c'est pas pour moi . . .
C'est pas ma faute si j'ai pas la main d'artisse,
c'est la faute à personne non plus,
c'est même pas la faute au monde . . .

La faute au quoi?
La faute au . . . la PHOTO!

Ouille mais oui la photo!
C'est faxile la photo!
pas besoin d'avoir la main
n'importe qui peut faire clic!
n'importe quel creton
alors je peux . . .

Je décisionne un incision capiteuse et insubversive:
je serai photograve
et la photo sera mon évocation
je serai photograve et trouble-têtes . . .

Et je vas pas perdre mon temps à photogêner
des petites choses comme
une pôvre petite allumette qu'a perdu le soufre
ou la poussière sur la ville
ou le fil de la pensée . . .
Non.
Je vas faire des photos sensalionelles
pour les délecteurs des fournaux à pédalo . . .

Je vas me coulisser dans le monde du respectacle
dans le monde de la chaude bisbille . . .
Là on peut faire des photos ravisseuses et scandides . . .

Dans ce monde-là y a de tout:
on voit toutes sortes d'impressarire
et des impressérieux aussi
qui palmarès très riches
mais qui sont criblés de vedettes . . .
Même qu'ils sont obligés de faire des enfants
qui prodigent qui prodigent et qui deviendront
des enchanteurs à succèdanés en années . . .
Ou des enchanteresses mélodieuses
et même mélodiane
qui nous bercent
qui nous bercent le murmure du son . . . !

On voit des coproduiseurs qui coproductionnent
des coprofilms . . .
Et des cinéastucieux
qui projectionnent leurs obscénarios sur un
mécréan géant!

On voit des scripoteurs de rétrovision
des scripoteurs téléromandités
qui nous épuisodent
avec des histoires d'internes minables . . .
des histoires à dormir assis . . . !

On voit aussi des écrivaniteux
qui se laissent aller, qui se librairent,
qui goncourent à gauche à droite
à n'importe quel prix
et qui rampent le lendemain,
qui rampent de lancement en lancement . . .

On voit des comédiens errants
qui répliquent et qui répliquent
mais qui finissent sur le répertoire
à cause de leur interdiction . . .

On voit des prometteurs en scène
qui triomphent le soir de la première
et le même soir
de la jeune première . . .

On voit des actristes
de grandes actristes
qui baissent les stars
et qui s'allongent molluptueusement
sur leur divague
dans leur éloge pleine de fleurs . . .
toujours prêtes à poser pour la camélia . . . !

Alors moi
toutes ces personnagités
je les photograve pour la prosternité!
Je leur agrandis le portrait pour trait,

je monte les étoiles sur six colonnes à la lune,
je leur fais connaître la célébriété
et je les livraisonne à la foule aux yeux d'or
toute pâmoisive et à demi rationnelle . . .

Et puis non c'est pas assez!
Passque si je veux être enfin quelconque,
si je veux être l'odieux visuel,
si je veux être le pluss grand médiocre d'information
il faut que je photografixe le monde
tout le monde
le monde très parfaitement tout entier
au moins une belle grosse grande photo
qu'a pas besoin d'essplication,
une photo qui vaut dix mille morts . . . !

C'est pas si tant diffixile . . .

Le fier monde

Il est pas si tant tellement grand
le monde.

La terre est grande
mais le monde est petit . . .
D'abord faut savoir que la terre c'est une boule
toute ronde
comme une pomme
sauf qu'elle a pas de queue
(c'est pas grave qu'elle aye pas de queue
mais c'est un petit peu embêtant pour nous
on peut jamais savoir quand elle est contente).

En tout cas elle est ronde, ça c'est sûr.

Y a des drôles qui la trouvent plate
mais c'est pas vrai . . .
il arrive tant tellement de choses sur la terre
elle a pas le temps d'être plate
il en arrive il en arrive
surtout du monde
tous les jours il en arrive
c'est pour ça qu'on voye plein de monde partout . . .

Mais ça veut pas dire que tout le monde se connaît
non
c'est pluss complexé que ça
passque la terre comme c'est une boule elle roule
elle roule dans l'expace, elle tourne,

chaque jour elle fait le tour du monde
mais le monde, lui, il tourne pas
il s'agitationne, il se bousculine, mais il tourne pas
il tourne pas rond
c'est bien connu.

Il est pas fou le monde, il veut pas perdre la boule
alors il reste à la même place . . .
seulement comme il est innombreux
il est partout partout autour de la boule
alors forcément y en a qui ont le dessus
et d'autres qui ont le dessous.

Ceux qui ont le dessus sont drôlement bien
c'est les Etats riches
les Etablis
les Etats bien
les Etats munis.

Ceux-là ils ont tout, ils manquent de rien
et le reste ils l'inventairent.

Et ils ont pas le temps de s'ennouiller
ils s'invitationnent ils sont toujours à table
une belle grande instable avec des pattes de velours
couverte d'une belle grande nappemonde
avec plein d'occidentelle partout.

Ceux d'en dessous alors là c'est pas pareil

surtout pour dormir c'est pas commode
avec ceux d'en haut qui leur tape sur la tête.

Ils arrêtent pas d'avoir la tête en bas
ceux d'en dessous
alors quand ils veulent garder un pied à terre
c'est toute une hixtoire

Mais ils restent là quand même
pas question de laisser tomber
passqu'ils sont fiers
c'est le FIER MONDE . . . !

Y en a qui disent waff le fier monde ça compte pas
il se passe rien . . .

Ouille! Faut pas connaître le fier monde pour dire ça.
Il s'en passe des choses!
Surtout quand ceux d'en haut ont fini de manger
et qu'ils secouillonnent la nappemonde
ils secouillonnent, ils secouillonnent
et les miettes se mettent à tomber
et comme la terre est ronde
la plusspart du temps ça passe tout droit
alors ceux d'en dessous ils s'en passent
des choses!
Ils se passent de tout!

Mais le fier monde ça le dérange pas vraiment

il est habitouillé, il s'en fait pas,
d'ailleurs jamais il s'énervouille, jamais il est pressé,
il déménage ses efforts
et pourtant
il arrive toujours à rejoindre
les deux bambous . . .

Il s'en fait pas il sait vivre.

Par exemple le matin quand il se lève
la première chose qu'il fait sans se presser
il prend son café
et il le plante!
Pousse café, pousse café, pousse pousse . . . !

Ensuite il prend sa canne en sucre et il s'en va au champ
et là il chante
très complètement patient et curieux
toute la journée penché sur les petites plantes . . .

Jamais pressé
le fier monde
c'est comme pour manger
il peut attendre des mois des mois . . .

D'ailleurs il mange prexe pas:
il coupe le poivre en deux
il met de l'eau dans son bain
il fait la disette

gentiment
en famine . . .
Le fier monde c'est la pluss grande sobriété
de consommation!

Bien sûr comme tout le monde
il veut pas manger toujours la même chose
des fois il veut changer de régime
alors il serche il serche un nouveau régime
et même il se casse la tête pour en trouver un
et quand il le trouve
c'est un solonel!
(En général c'est un solonel)
Un gros grand solonel très fort très dynamite
qui arrive les bras chargés de bananes
et qui met ses bananes au régime . . .

Et là le fier monde est content
il jujubilationne
il remercenaire le solonel
il se dévote pour lui
et le solonel c'est pas long il le prend le vote
et avec lui ça traîne pas
c'est toujours le vote à main armée!

Et tout le monde est content
le fier monde retourne à son chant
tout le jour il passe le temps au coton
et le solonel lui il le passe au tabac . . .

Attention faut pas croire que le fier monde se repose pas!
Après manger par exemple il fait jamais la vaisselle
il fait seulement l'assiette.
Il s'étend sous un grand napalmier ou un gros maobab
et il fait l'assiette
et comme il a pas besoin de brunir
il se laisse griser
il dort dîne . . .

Puis des fois le soir il veut s'abuser
alors il danse et il rit, il aime ça rire,
il rit, il rit, il rit;
il se tornade de rire
et quand arrive la croix rouge il est content
passqu'avec elle
il est sûr de se payer une pinte de bon sang!

Ouille oui alors le fier monde il sait vivre,
il sait s'abuser!

Y a pas que lui bien sûr.
Ceux d'en haut aussi ils s'abusent.

Quand ils se font du visiting c'est pour s'abuser.
Ils se font des déceptions vermouilleuses, faut voir ça!

Les premiers qui arrivent c'est les ambrassadeurs
de bonne étreinte
qui se font l'échanging de cosmopolitesses

puis c'est les chefs
des chefs drôlement bons qui pensent toujours aux autres
qui s'écoutent jamais
qui parlent avec leurs monologues
qui se font des petites affaires étrangères
dans des rencontres au sommeil
passque l'ennui porte conseil . . .

Des fois les chefs ils amènent leurs pèquenocrates.
C'est gentil un pèquenocrate
et ça dérange personne ça reste là tout humide
avec sa serviette et appuyé sur son dossier
ça a toujours l'air dans la pluss grande
stupéfonction publique
et ça bouge pas de peur de se mettre le doigt
entre l'arabe et le corse . . .

Et puis quand ils veulent faire des cadeaux
les chefs ils amènent des admirables et des généreux
qui se lancent des fleurs
des beaux grands dépôts de géranium
enrichi . . .

Et tout ce monde-là ça bavaroise gentiment,
ça psycause de guerre et paix,
ça donne des incohérences de presse
tout en grignotant une petite coalition
à la bonne franquiste . . .

Mais les pluss belles déceptions c'est les très énormes
les déceptions mondaines
quand tout le monde est là
quand toutes les INANITIONS UNIES sont là . . .
Ça mange! et ça documange!
Faut dire qu'ils sont là pour ça et qu'y a de quoi manger:
la veille ils ont fait leur marché en commun
et la table est pleine
y a des tonnes et des gloutonnes d'aliments
pour tous les goûts: des aliments de l'ouest et de l'est . . .

Faut les voir alors se jeter
sur la soupe comme des anthropotages
et ensuite ils se rempiffrent avec la gelée latine
puis ils se nourrissonnent de yogourt slave . . .
et quand arrive le steak
le grand steakoslovaque
ils sont contents: c'est le plat de résistance
ils se dardanellent dessus
ils le biftèckent et le vivisectionnent
en tous petits moscovites
qu'ils avalisent diplomatique à toute vitesse . . .
Puis c'est la fricassée
qu'ils dévorationnent jusqu'au bout couss que couss
avec des petits points chauds
beaucoup de petits pigments
et très énormément de sahel . . .

Et même après ça ils ont encore faim.

Faut les voir quand arrive le désert
un grand désert porté par des Arabes
en espadrilles de mystères!
un désert fabuliquement riche
servi dans une grande assiettée muftinationale . . .
un désert plein de mirages
qui donne des israëllusions
(les Arabes avec leur désert ils y vont pas de mer morte!)
C'est riche! C'est des mille de cent trente-cyprioches!
Toutes les unes contre les autres
entourées de turcreries
et arrosées de sirocco . . . ! C'est riche!
Alors ils se goinfriandisent atroxement et le pôvre désert
c'est pas long il reste que des niets . . .

Et c'est pas tout. Dans les grandes déceptions mondaines;
ils font pas rien que manger
ils buvardent aussi
et pas n'importe quoi
pas de l'eau de Pologne
du vrai vin
ils se versaillent de grands verres de vergogne
et ça buvarde, et ça buvarde et bientôt
tout le monde est très gai
très pharisien
et ça se met à crier: Vive la transe!

(Y en a, bien sûr, qui aiment pas le vin
comme les deux pluss grandes des inanitions unies:

l'amnésique du nord
et la répudique qui a des soucis réalistes.
Ces deux grandes fofolles elles aiment pas le vin
alors on leur laisse la bière froide).
Et ça buvarde et ça se hongrise
et ça tombe dans la pire bulgarité!

On en voit qui ont tant tellement le boyau muni
qu'ils laissent tomber la grande bretelle . . . !
Ils s'en font deux guirlandes
et ils tirent dessus . . .

Et c'est là que se déclenche la course aux ornements
tout le monde devient fou
même les alliés de toujours
même les alliés-nés . . .

Et puis y a ceux qui ont le vin trixte
comme la clique du sud
pôvre clique du sud elle peut pas buvarder
elle fait une répression nerveuse
elle reste dans son coin
elle broie du noir . . .

Y a ceux qui prennent le nord aux dents
et le nord se laisse pas faire il se scandinave
il se péninsulte . . .

Y a ceux qui perdent la tête, qui décapitulent
et qui se retrouvent comme des trépanations . . .

C'est épouffroyable
c'est un macao terriblifique
l'ethmyopie se tape le négus partout
la belle gifle son flamand
on s'arrache les cinq condiments
on se tire sur la pipeline
on déterre les moratoires
on se traite de musulmenteurs
et ça pétarabe, ça pétarabe, ça pétarabe . . .

L'indigne nation s'empare des diplotomates
et les lance partout sur la nappemonde
et ça, les serviettes aiment pas ça
surtout la serviette suprême . . .
les serviettes volent partout
et ça métaformose la chine
les serviettes frappent
l'amnésique se fâche
elle pique une protocolère
l'amnésique sort de ses gonds
et les serviettes cognent
les serviettes cognent de pluss en pluss
c'est la salade
la salade de la violette
qui monte de pluss en pluss violette
jusqu'au bout

jusqu'à perpétrole
jusqu'à l'épuigisement . . . !

Puis ça se calme.

Forcément. Après l'épuigisement ils ont plus de force!
Ils ont même plus la faible petite force
de se lancer des olives nucléaires . . .

Heureusement pour la vieille qui nettoie les dégâts
à mesure,
la vieille démocrasseuse.
Elle serait pas d'accord avec les olives
pour elle ça serait inadmissile
elle qu'est déjà tout alarmée toute pentagonisante
avec un pied dans la tombe atomique
elle aurait bien trop peur de plus jamais
être capable de faire le ménage
de sa purée publique
elle aurait trop peur de plus jamais
être fière de son monde . . .

Pôvre vieille démocrasseuse . . . !

La purée culture

Quand j'a vu le jour, c'était la nuit,
la peur m'a pris
et m'a gardé;
pôv' petit moi, j'étais tout bleu,
tout bleu de peur, très apeuré.

J'aurais aimé être désiré,
j'aurais désiré être aimé,
mais quand on n'est qu'un rejeton
c'est normal qu'on soye rejeté.

Quand je miaulais wa wa wa wa
ma nourrissante me nourrissait,
bourrait bourrait mon tube conscient
avec de la bouillie pour les chats.

Elle me disait t'en as de la chance
d'avoir rien qu'une bouche à nourrir;
manger manger la bonne purée
c'est ça la vraie purée culture!

J'aurais aimé être désiré,
j'aurais désiré être aimé,
mais quand on n'est qu'un rejeton
c'est normal qu'on soye rejeté.

Je suis resté tropmatisé
dans la purée, dans la torpeur,
peur d'en manger, peur d'en manquer,
peur de bouger, peur d'avoir peur.

Peut-être qu'un jour un jour viendra
j'aurai plus peur de la purée,
j'aurai grandi, j'aurai poussé,
poussé un cri: j'en ai assez!
assez de purée
puréfléchir
purépliquer
puréclamer
purétorquer j'en ai assez!
J'en ai assez pour commencer
pour commencer à m'en sortir
à m'en sortir parce que j'ai faim
faim de savoir le mot de la fin
et faire le tour de mon jardin
et faire le tour
de MON jardin!!!

Coupe tes ficelles

Pôvre petite
marie honnête
pleine de ficelles!

Si tu veux pas toujours être la moitié de quelqu'un
faut grandir
faut de la grambition
faut apprendre à dire non

A force de dire oui
tu finiras par le perdre ton nom
et il sera trop tard;
tu voudras te libre aérer
trop tard!
tu seras emprisouillée;
toute la journée tu joueras de l'épousette
tu seras la ménagère approvisionnée
qui pousse la poussette chez le marchand rétro
rétrograde A
grosseur moyenne
tu seras la consommatrice désaffligée
qui rêve à son étoile
à sa comète
la tête en bas dans sa cuvette
tu seras la dinde du foyer
avec la décoration inférieure
tu passeras l'aprèsméditation en transe et en dentelles
tu seras une femmeuse détériorée
très complètement décaféinée

qui en peut plus le soir
et qui décapitule qui décapitule
qui décapitule ce qui reste à faire à fer à repasser
à fer à friser à friser la folie!!!

Mais si t'as la grambition tu seras esstradinaire!

Peut-être une écrivaine rétromantique
qui décrit ses manoirs,

peut-être une téléctuelle
qui a le haut parleur et le bas bleu,

ou une pro musicale qui se joue des sornettes à la lune,

ou une divaporeuse
qui baigne de luxe dans les bulles paraffinées,

ou une femme de fer dans un gant de crin
qui conduit elle-même son autonome,

ou même une institutriste
qui a de la classe
tant tellement de classe qu'elle est impayable!

Coupe tes ficelles!
Coupe tes ficelles et tu seras quelqu'une!

Fleur de fenouil

Quand tu t'abeilles pour être belle
quand tu te piques d'être la rose
la rose au bois sans épinette
amanthe poivrée
parfait parfum
fine farine
fleur de fenouil
quand tu arrives, c'est le bouquet!

Reste pour moi
celle de la mer, celle de la terre,
ne change pas
tu deviendrais pareille à celle

celle qui grignotte des illusions
et pour qui les marottes sont cuites,

celle qui s'endiète pour maigrir
et qui s'aigrit et qui s'aigrit,

celle qui fricotte à reculons
et qui se nouille dans le beurre mou,

celle qui s'attache à la casserole
et qui tempête dans un verre d'eau,

celle qui déteste la vaisselle
et qui s'en fait une montagne,

celle qui retourne les homelettes
et qui se retrouve sur la tablette,

celle qui rêve de monsieur net
et qui mijote au bain-marie,

celle qui fait la grasse matinée
dans le ravioli conjugal,

celle qui comtesse et qui blasonne,
baronne blasée qui fait la moue,
toujours la moue, encore la moue,
toujours à la troisième personne,

celle qui fricasse dans les colloques,
qui est pluss néo que démocrate,

celle qui pose des colles aux affiches
et qui rouspète le feu sacré,

celle qui pleut comme fontaine
qui a jamais plus ni jamais pu
et qui tricote et se console
en faisant des marmots croisés,

celle dont l'hydro veut rien savoir,
qui aimerait bien passer l'hiver
mais qu'on veut plus mettre au courant,

celle qui n'attend plus qu'on l'appelle,
qui a décroché une fois pour toute,
qui répond plus quand on la sonne,
elle s'est pendue au téléphone.

Ne change pas, reste pour moi
celle qui s'arrose un soir de fête
à petits verres dans un grand pot,
celle qui déride pour mieux songer,
songer à qui? son géranium.

Amanthe poivrée
parfait parfum
fine farine
fleur de fenouil
ne change pas
reste en bouquet.

Cauchemar sur une psycatalogne

J'a fait un rêve esstradinaire!
J'étais dans la rue et j'essayais de préambuler
tranquillement . . . mais ça marchait pas
j'avais la démarche infructueuse
j'étais pas tout seul dans la rue
y avait la foule qui filait qui se défoulait
qui me refoulait!
Pôvre petit moi je me sentais comme un petit
compressé . . .

Et tout à coup j'a eu une aspiration
une porte s'a ouverte
et une main m'a grippé par le manteau!
J'étais comme locomotivé
j'étais inspiré dans la maison
et quand j'a été là dans l'intérieur
qu'est-ce que je vois au bout de la main?
Une belle grande fébrile toute blanche
avec deux grandes stresses dans les cheveux
et un tétanoscope qui lui pendait là
sur le centre médical . . . !

Tout de suite j'a eu le cœur qui s'a mis
à bilboquer dans ma poltrine
je voyais bien qu'elle faisait de l'épathologie . . .

— C'est gentil de venir me voir, qu'elle m'a dit.

— Ouille j'a pas fait essprès, que j'a répondu,
    ç'a été plus fort que moi.

— Donnez-moi votre manteau.

— Ouille non alors je le donne pas
    peut-être il est vieux mais je veux pas le donner
    peut-être c'est un déficient manteau mais je le garde
    je suis pas venu là pour me faire démanteler!

Elle continouillait de sourire très gentille
elle regardait ma fleur
(dans mon rêve j'avais une fleur sur le manteau
près du cœur)

— Oh comme vous avez une belle névrose!

— Ouille oui je l'a toujours eue
    tout petit déjà j'avais la névrose à la pouponnière . . .

— Vous aimeriez pas faire un peu de reposing?
    Détendez-vous sur mon divague
    faites comme chez moi

Moi alors j'a pas dit non
c'était un beau divague très molluptueux
alors je m'a détendu elle s'a assise à côté

— Allez-y maintenant dites-moi tout
   faites le récidivan de votre vie
   déblatérez-moi toutes vos sornettes
   je vous écoute ayez pas peur
   je suis là pour ça les gens viennent ici ils se détendent
   et ils psycausent ils psycausent
   et moi j'écoute je suis la psycatalogne

Mais moi je pouvais pas ça sortait pas
rien à faire j'étais comme imbibé
j'avais un blocage thoracique

— Allez-y serchez serchez dans votre jujube conscient

Moi j'avais beau me creuser la crécelle
mon globe frontal s'allumait pas

— Essayez de vous souvenir
   quand vous étiez petit comment c'était

— Ouille c'était grand!

Et toujours elle était là suspendue à mes lèvres
(c'est lourd à la fin)
mais elle restait gentille
même qu'elle m'a parlé de mes parents
elle m'a parlé de ma mèrancolique
et de mon pèranoïaque
elle avait l'air de les avoir connus

c'était bien de la chance pour elle passque moi
quand j'étais petit je peux pas dire que mes parents
je les voyais souvent
je pense que j'avais des transparents!

Puis tout à coup elle m'a dit
— Est-ce que vous rêvez?

— Si je rêve? Tu parles que je rêve
    j'arrête pas de rêver
    je suis solnambule
    et toujours je fais le même rêve
    je rêve que tout le monde est malade mais pas moi!
    Je vois une petite carriole qui passe
    tout le monde court après tout le monde l'attrape
    mais pas moi!
    Et pourtant je cours moi aussi, je cours, je cours
    mais j'avance pas, jamais j'attrape la carriole
    je cours mais je reste à la même place
    je suis mal je me sens pas bien j'ai peur
    d'autant pluss qu'un gros chien épouffroyable
    un gros chiendent me poursuite
    j'a une peur atroxe une peur affreude!
    J'a tant tellement peur que mes chevaux se dressent
    se dressent sur ma tête
    et pour me sauver je saute sur mon encéphale
    et je cours à toute vitesse je fais de l'équation
    sur mon alzèbre
    je cours je file je me mets à voler

je vole je plane
avec mon manteau plein de poches d'air
je vole je monte je suis violancé dans le ciel
un ciel terriblifique
un ciel d'orange avec des éclairs au chocolat
un vrai démenciel . . . !
et je monte encore plus haut jusque dans l'atrocephère!
et là je suis tant tellement haut que j'a le prestige
je suis déphrasé je me dégyroscope et je tombe
c'est la chute
la chute verte et oléagineuse je tombe je tombe
dans une presse à épices je tombe
dans un goinfre sans fond
je m'abîme
et je dixparais
dans l'entonnoir fatal du fainéant final . . . !

Et quand je me réveille je suis dans un champ
je suis bien il fait chaud
et je suis là sous le soleil de l'anxiété
en train de cueillir des angoisses . . .

Alors la psycatalogne m'a dit:
— Bon si vous faites des couchemars comme celui-là
    c'est passque vous êtes toujours tout seul
    faut pas rester tout seul faut essayer de faire des choses
    avec d'autres . . .

Et quand elle a voulu que je passe
avec elle l'aprèsméditation en transe et en dentelle
là j'a eu peur
et encore pluss peur quand elle a dit qu'on ferait aussi
de la dynamite de krupp!
Alors là non j'a dit non et je m´a sauvé
je suis quand même pas un anarcisse . . . !

La clef anglaise

ouille que j'ai hâte de savoir
me servir de la clef anglaise
c'est tant tellement commode
tu connais ?
tu connais pas ?
pourtant c'est pas nouveau
y a longtemps qu'on l'a reçue
la clef anglaise

ça nous est arrivé
un beau soir qu'on était chez nous
bien tranquilles
qu'on dérangeait personne
tout à coup
y a des drôles qui sont venus nous faire
du visiting
ils sont arrivés à la porte
en faisant un bruitannique très énorme

nous bien sûr
comme on voulait pas les voir
on a pas ouvert
même qu'on a fait rouiller la porte
très sordidement
mais eux ils voulaient entrer
ils lâchaient pas
et ils étaient au pluriel

toute l'obstination était là
ils criaient
ouvrez c'est pas juste
vous avez le petit bonheur
et vous voulez pas partajouir avec nous

nous on savait pas trop quoi dire
on voulait pas passer pour des égoïnes
on serchait une défaite
ç'a pas été long qu'on l'a trouvée

d'accord qu'on a répondu
on garde le bonheur
et on vous laisse l'occasion

tout de suite ils ont sauté dessus
ils ont commencé à tirer sur la porte
et tire et tire

nous pour nous amuser on tirait aussi
on tirait de l'autre côté de la porte
on tirait de l'arrière

fin finalement c'est eux qui ont réussi
ils ont dérouillé la porte avec leur clef
et quand on l'a vue leur clef
on a compris
c'était la clef anglaise

— ouille la belle clef esstradinaire qu'on a dit
on peut l'avoir ?
— bon nous on veut bien
si vous nous laissez jouer du saxon chez vous
on vous prête notre clef

on a pas pu résister
d'autant moins qu'ils nous ont servi
une consommation
ils nous ont fait prendre une tasse
toute petite d'ailleurs
une vraie tasse de minorithé

ensuite on a pas été long
à apprendre à s'en servir de la clef anglaise
tu peux pas savoir
c'est une clef qui ouvre toutes les portes
ça passe partout

tiens pour travaller il te faut la clef anglaise
si tu l'as pas
tu peux prexe rien faire
tu restes un petit
un exployé
peut-être un poli maçon
ou un deminuisier
en tout cas tu tires la vache engagée par la queue

mais si tu l'as
alors là c'est autre chose
t'es bien partout
tu entres dans un magasin à rayures
tout le monde te compréhensionne
c'est toujours toi le premier servile
ça va aussi vite
que si t'avais la carte de crédule

avec la clef anglaise t'es bien partout
au salon dans la cuisine dans le garage
même en auto
tire la bobinette et la chevrolet cherra
avec la clef anglaise tu peux être un américanicien
comme ça
tu peux graisser le promoteur
jouer avec ses fistons
c'est le frein du frein
tu te sens au septième différentiel

ah savoir un jour jouer de la clef anglaise
je serais plus mal pris
je serais un homme de fer très imposable
avec une sacrétaire qui taperait
à deux langues
une stéréo-dactylo
une déceptionniste qui répondrait à l'anglophone

je serais un chef d'entrecrise
j'aurais un gouffre énorme
un gouffre-fort
contre les valeurs

ça rôde partout les valeurs de nos jours
j'ai pas envie de les retrouver dans mon gouffre
les valeurs

mes fonds
je les mettrais au frais
dans une banquise
comme ça si ça devenait trop chaud
si ça se mettait à fondre
j'aurais du liquide
et mon dollar pourrait flotter jusqu'ailleurs

j'ai l'incompétence assez sûre de moi
je serais un spéculotteur
au ventre pyramidal
je crèverais le plafond mutuel
de la haute finesse
je serais un gros exployeur

j'aurais une grosse compagne mutine et nationale
le genre qui manipulpe l'information
j'achèterais le journal
je serais l'ami du rétracteur en chef
et je lui ferais changer d'idétorial tous les jours
je le mettrais dans ma poche
avec le garnement qui serait aussi mon ami
qui aurait toujours un sidérurgent besoin
de mon savoir-fer

je serais pour la folitique de grandeur
debout sur ma chaise à culte
les pieds dans une paire de scandales

tu vois comme c'est commode la clef anglaise
quand tu l'as
tu peux plus t'en passer
ça devient vite une hébétude
ça fait partie de la traduction
et la traduction faut pas la perdre
faut respecter la traduction
autrement
jamais on sera des fac-similés...

Les complaintes au garnement

Si au moins j'avais des lettres!

C'est important une lettre . . .
la lettre c'est le commencement de tous les mots
et moi justement
c'est les mots qui me donnent du mal.

Je suis pas le seul, non
ceux qui étaient là avant moi
les premiers qui sont arrivés ici:
les premiers collants
ils en ont eu du mal avec les mots,
ils pouvaient pas s'entendre avec les indigents
pôvres indigents
qui parlaient pas un prêtre mot de la langue.

D'ailleurs c'est pour ça qu'on a vu arriver
toutes sortes de promissionnaires
des suppliciens
des bricollets
des gésiers
des insulines
et des dames de la congélation . . .

Ouille oui ils en ont eu du mal.
C'est pas passqu'on dialecte ensemble
qu'on se compréhensionne
ouille non! c'était vraiment la francacophonie!

Si j'avais des lettres
au moins une
je l'envoyerais
je ferais ma complainte au garnement
je lui dirais:
Monsieur le garnement libérable
(tant tellement libérable qu'il faudra bien le libérer)

Monsieur le garnement
pourquoi vous avez mis ma langue dans votre poche?
c'est pas bien c'est vilaingue!

Vous m'en donnez une autre
une langue à ficelles
mais moi de quoi j'ai l'air?
je sais pas m'en servir!

Votre langue à ficelles au juste c'est pourquoi?
Pour que j' fasse un nœud une bonne fois pour toutes?
un nœud pour que je me vous souvienne?
un nœud pour faire du remembering?
un nœud pour qu'elle soye mieux ma langue?
pour qu'elle soye mieux pendue à votre omnipotence?

D'accord monsieur le garnement
montrer sa langue au monde
d'accord c'est pas poli
mais vous trouvez ça mieux qu'on voye ma polyglotte?

Ah si j'avais un chat
même un chat dans la gorge
je lui donnerais ma langue il aurait pas le choix.

Elle est pas si tant pôvre
elle vit dans un palais!
Rendez-la-moi monsieur le garnement
laissez-la-moi tranquille

Et si sans le vouloir
je mange un peu mes mots
ma langue jamais je voudrais l'avaler
et encore moins
je jure
me la faire ravaler!
    Soyez assuré monsieur le garnement
    de mes ressentiments les pluss distancés
                etc., etc., etc.

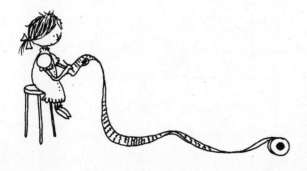

Le géant *

Il était une voix…
(et chez nous comme ailleurs, une voix n'est pas
    coutume !)
Il était une voix un géant…

Avant d'être géant et encore tout petit
il avait déjà à la pouponnière l'œillet du poète…

Très vite il a trouvé sa voix
et tout le monde l'a connue et surtout retenue…
C'était une voix claire une voix d'air une voix d'eau
voie d'eau douce adagio allegro…
elle racontait les champs
grimpait les bucollines et sautait les bruisseaux…
Et lui jour après jour collait son œil
son grand œil d'écurieux   *œil au carreau*
aux carreaux de sa chemise
et contentait le monde…

Or un jour de grand vent
lui a soufflé sa plume !
Lui pour la retrouver s'est mis à voyager   *guitare*
avec pour tout bagage sa compagne enchantée
très complètement d'accord…

Se sont mis à trotter trotter trotter partout
trotter au p'tit bonheur…
et trottent les souliers de semelles en semelles
par tous les temps de lieues en lieux…

161

pinçant la cordemuse
pince pince le cœur et repince Monseigneur
Monseigneur enchanteur...

et jaillissent les songes
et chante le géant
chante sur un radeau
chante pour passer l'étang
chante le château plein de fées diaphines
chante pour passer la nuit... Nuits Saint-Georges...
     en ballon...
chante sur corde raide... chansonneur sansonnet...

Puis viennent les temps durs
tendus
tambours battant les cris des crapauds circonscrits
temps dus... tant tellement attendus
et jamais remboursés... !

Et le géant se fâche et le géant devient
grand ébranleur de cloches
grand sonneur de branle-bas
il tonne et barytonne... la luette en colère... *alouette*

    Assez ! Tripothéqueurs d'assurance-chaumière !
        Notables grignotaires !
        Proéminences grises !
        Bétonneurs besogneux !
        Fâcheux gâcheurs de plages !

Empêcheurs de pêcher !
Jaunes briseurs de grèves !
Miseurs sur la misère !

Assez ! Croque-vivants
et cracheurs de pitance pour assistés *assistés sociaux*
soucieux !
Fini cueillir la manne des manipulapeurs !
Fini le ramasse-miettes !
Debout debout là-dedans ! et commence
la fête… !
Quand on vit à quat'pattes
on ose pas faire la fête…
quand on vit à quat'pattes on voit rien
que des pieds des pieds encore des pieds
des pieds toute la journée…
(et de la fête aux pieds y a une éternité…
puis à quat'pattes ou même à genoux
comment danser ?)

Non.
La fête c'est pas rester *peuple*
planté comme un p'tit peuplier sans histoire
à se nourrir de miettes et de compote d'espoir…
C'est pas non plus d'attendre… majorette silencieuse
à regarder passer les joueurs de saxons *anglo*
ceux qui fanfaronronnent passqu'ils ont la grosse caisse
et qu'ils peuvent se payer des chars catégoriques…

Non !
La fête c'est quand ça bouge
quand tout est à l'envers
quand la montagne est plaine plaine plaine à craquer
et quand les amoureux s'aiment comme des
tourtières...
Alors là c'est la fête !

On chasse le chien polisson
et on laisse boire le caribou
les corriveaux sortent de leur cage
les bois se mettent à l'ail
et le bûcheron se joue se joue de l'épinette
les poissons se dépêchent
les p'tits poissons chenaillent chenaillent...
les bigorneaux crevettent de rire
et les goélettes sont en haut
tout en haut du rocher... perchées...
Et le ragoût retrouve ses pattes
et la gourgane court à la soupe...
on se cretonne la tartine
on s'arrose de sirop vraiment considérable
on se pourlèche la farlouche
jusqu'à la ruine... la ruine-babine... !

Alors là c'est la fête !

*Rocher Percé
(Gaspésie)*

164

Et le géant de l'île passe le pont
et tout le monde veut le suivre
sur le pont de l'île
pour faire la ronde
danser carré
et gigoter la gigue du géant…
et devenir comme lui géants de l'air géants de l'eau
et géants du pays…

Mais c'est en le voyant que tout le monde comprend
en le voyant lassé
relacer ses souliers tant tellement fatigués
et foncer
tête de pioche
riant sous cap tourmente
dans la blanquette de neige
qu'on prend pas qu'on prend plus…
mais finalement comprend

> que pour être un géant
> suffit de se tenir
> debout grandeur nature
> et faire encore la bise la bise aux quatre
> vents…

Les embarrassants abris

Tout le monde rêve d'être à l'abri.
Tout le monde veut s'assurer d'être couvert...
C'est fou ! Personne est jamais à l'abri...
Tu te penses tranquille chez toi, mais y a toujours
les murmures mitoyens...
y a toujours un voisin
qui te promène sa concorde à linge devant le nez...
qui te tape jusqu'à minuit
sur les nerfs... et sur le plafonnier...

Et même si t'as ton petit coin à toi,
ta petite maison unifamélique, pareille à des centaines,
loin de la calamité urbaine...
y a encore un voisin, qui se met tous les soirs
à fumer ses briquettes... à brûler ses boulettes... *qui le fait*
qui le samedi matin t'empêche de dormir *sentir la*
et te coupe l'herbe sous le pied *veille ce que*
avec sa grondeuse à toison... *tu voudrais manger le lendemain !*

Non. Pour avoir la paix faut rien avoir.
Pas de voisins, pas d'histoires,
pas de murs, pas de fenêtres...
et pas de fenêtres... pas de jalousies !

Rien avoir... être léger léger...
C'est en rêvant de ça que tu te réveilles
un beau matin au fond de ton village.
Tu te dis j'en peux plus de traîner de l'arrière-pays !

Alors tu vends ta guitare,
tu grattes les fonds de terroirs
et tu quittes la raison paternelle, et tu pars...
mais tu pars pas tant tellement loin,
ton rêve c'est pas de partir au soleil
et te payer un mois d'extravagances
en califournaise ou en plorine...

Non, ton rêve c'est la ville.
T'as entendu des voix : Arrive en ville... arrive en
     ville !
et tu te retrouves au terminus tout le monde descend !
C'est elle... c'est la ville
qui t'entraîne dans sa grande bougeotte...
tu te laisses aller, tu étrennes la rue Sainte-Vitrine
tu suis la foule qui se défoule qui te refoule...
tu flottes dans l'urbain tourbillon...
c'est agréable... Mais ça peut pas durer.
Un beau matin ça y est, t'as beau tourner
et retourner tes poches, c'est toujours le même trou !
Waff ! c'est pas grave, y a qu'à faire comme les autres
et se mettre à travaller.
Et tu te mets à sercher, et c'est là que tu vois :
c'est pas si simple, t'es pas tout seul
les autres aussi ils serchent
et ils trouvent pas... et toi non plus...
y a rien à faire...

Pourtant tout ce que tu veux
c'est te faire une petite piastre au soleil !
T'es pas venu là pour rester oiseux à rien faire,
tu veux pas te faire traiter de vagabond à rien,
de comédien errant... de parfainéant !
Alors tu serches, tu traînes sur le frottoir, *trottinou*
tu transpires la ville d'un bout à l'autre,
et tu serches... et tu regardes les petites annonces :

    « Vous êtes jeune ? Vous avez l'esprit
    d'entrecrise ?...
    ... (Mais c'est moi ça !)... Venez nous voir...
    ... (Oui oui j'y vas !)... si vous avez 5 ans
    d'esspérience. »

Ouille ! Toujours pareil, faut de l'esspérience !
Ils sont drôles avec leur esspérience.
Quand on est jeune tout ce qu'on a c'est l'espérance,
l'esspérience ça vient après...

Tiens, en voilà une qui demande pas d'esspérience :

    « Êtes-vous prêt à faire du porte-à-porte ?
    (Tu parles ! Je ferais même du mur à mur !)
    ... Devenez vendeur à domicile... ! »
    (Ça c'est pas mal, tu restes à la maison...
    Ouille c'est pas pour moi, j'ai même pas de
    maison !)

Et tu serches encore, t'es prêt à faire n'importe quoi
Même la nuit. Travaller dans le noir, ça te fait pas
    peur,
ça fait partie de ton clandestin…

Tiens : « Gardien de nuit demandé… »
    (Ah ! non… gardien de nuit, c'est pas sérieux,
    la nuit a pas besoin d'être gardée… C'est
    bête… !)

Et tu te remets à marcher marcher…
tu marches et tu démarches…
et quand t'en as assez, tu t'écrases à une instable
tu regardes ceux qui mangent qui mangent…
pluss t'as faim, pluss ils mangent…
Et le patron s'amène :

    — Alors, on a des soucis ? Moi aussi j'ai des
    soucis,
    mais moi mes soucissont nourrissants… Ha !
    Ha ! Ha !

qu'il te fait avec une grande claque dans le dos.
Une claque dans le dos quand on a faim, c'est
      agréable... !
Et il te lâche pas, le patron :

     — Tu tombes bien ; écoute : T'as faim, t'as pas
       un sou,
       et moi j'ai besoin d'un plongeur à la cuisine.
       Alors je te donne un petit sous-marin,
       et tout de suite après, tu plonges. D'accord ?

Tu dis oui, t'as pas le choix, tant tellement t'as faim.
Et quand tu te retrouves à la cuisine, tu comprends
      pourquoi
on appelle ça une brasserie... ça brasse là-dedans... !
Pas étonnant que tu sois terrassé quand tu sors de là...
D'autant pluss que tu te rends compte que tu t'es fait
      avoir.
Le patron t'a eu. Il t'a eu à l'œil !

Et tu marches encore, et tu serches...
tu serches un subterfuge pour dormir..
et la lune te suit, elle fait comme toi
elle change de quartier la lune
elle profite de la nuit...

Et tu serches… et si tu trouves rien, tu passes
et tu repasses ta nuit, dans un parc à fontaines…
et tu t'endors, sur un banc pudique
en rêvant d'une belle étoile
avec toi, dans un grand libido…

Et au matin tu te réveilles à l'aubépine,
tu t'arroses la fleur de l'âge…
et tu repars, et tu marches…
et encore le lendemain et encore et encore…

Bien sûr tu le sais, ça peut pas continouiller comme ça.
Faut savoir s'arrêter, fermer le robineux
avant de se paranoyer dans un vertigineux…
Tu sais qu'à force de traîner, tu seras entraîné
dans le trafic de pluss en pluss stupéfiant…
tu finiras comme tes souliers, usé
désabusé jusqu'à la corde…

Faut savoir s'arrêter, savoir
que pour s'en sortir, faut entrer quelque part.
Y a toujours un quelque part qui t'attend…
surtout quand t'as plus rien
même pas de quoi t'acheter du savon,
que t'as atteint le seuil de la propreté…
Y a toujours des amis, des amis dépanneurs
qui sentent la soupe chaude,
qui te payent une brosse… une brosse à dents bien
    sûr…

avec du gentifrice…
qui te passent un savon…
qui te trouvent un patron…
et qui te laissent aller…
Et quand tu sors de là, tu repars comme à neuf.

C'est mieux que partir à zéro !
Moi-même je m'a toujours entendu dire :
Regarde, le pôvre très complètement fichu sans abri…
Mais c'est pas vrai. J'a toujours eu mon manteau :

    — Vermouilleux esstradinaire appartemanteau…
       beau cinq pièces, avec porches intérieures…
       vestibule à carreaux… et revers de fortune…
       garanti impermouillable…
       fini à la main, avec du fil à retordre…

Je pourrais pas m'en passer, je le garde.
Même si c'est un déficient manteau…
Je vas le faire nommer monument hystérique…
Il est tellement mûr… je pourrais pas m'en passer…
Moi sans mur, je vivrais pas.
Faut des murs.
Si t'as pas de murs, qu'esstupeufaire ?
Si t'as pas de murs, où tu vas te taper la tête
passque t'as pas de sous ?

Faut des murs. Moi je donnerais n'importe quoi,
je payerais pour avoir des murs…

Mais j'ai pas de sous...
Je payerais même pour avoir des sous, tiens !

Ah !... si j'avais des sous ça traînerait pas.
Tout de suite je ferais faire des plans par un archimec.
Ils sont forts les archimecs, ils te dessinent ta maison,
puis ils te la mettent en pièces, ils font des divisions,
plein de divisions... ils multiplient les divisions !
Bien sûr pour eux c'est bon, ça fait grimper
    l'addition...
Ah ils sont forts.
Puis tu te dis : c'est très joli, mais ça va coûter
    combien ?
Et ton archimec te met la main sur l'épaule :

    — Écoutez, j'ai pour vous la plus haute
      estimation.

Et t'es tant tellement flatté, tu veux même pas voir
    l'addition,

    — Bravo, que dit ton archimec, vous êtes un bon
      pliant !
      Maintenant qu'on a trouvé un terrain
      d'entente, on peut commencer.

Et tout de suite, sur le terrain, il fait planter des
    piquets.
(On sait bien que ça sert à rien, ils pousseront jamais,
mais on les plante quand même. Et en pluss on leur
    attache
des cordes pour pas qu'ils tombent...)
Et puis on se met à creuser ; doucement pour
    commencer,
on creuse pour la forme...
Et puis un beau matin, c'est prêt. Ton archimec
    s'amène
avec une fleur à la bétonnière : — On coule !

Et c'est là que tu vois que t'es embarqué dans un drôle
    de bateau... Et on coule, on coule en pleine
    forme...
Et tu regardes ça avec le plus grand bétonnement...
Puis, une fois que c'est fait, on le laisse tranquille le
    béton
pour qu'il s'endurcisse... il en a besoin le pôvre,
avec tout ce qu'il aura à supporter...

Ensuite c'est les charmentiers qui s'amènent,
avec leur nigaud et leur précaire, ils prennent des
    mesures,
pour les poteaux innombreux et toutes les
    colombines...
et la charmante commence à monter, c'est édifiant, ça
    monte...

bientôt c'est la salière, et ensuite les olives…
puis les chevreaux… qui montent jusqu'au mignon…
puis on couvre la tonsure avec un grand papier
      glouton…
puis des fardeaux, plein de fardeaux qu'on cloue
      partout…

Déjà, à l'intérieur, les menuisibles ont commencé,
avec leur scie radicale, ça marche ! ils donnent la
      crampe à l'escalier… ils s'acharnièrent…
ils chambranlent les portes… ils coincent les guenons
      dans les mortelles… ils bourrent les murs avec la
      vilaine minérale…
ils guillotinent les fenêtres, grimpés sur leur
      échafaud…
ils exécutent leurs travaux… !

Puis c'est le mectricien qui s'amène, et c'est pas long
tout le monde est au courant…
Il transperfore les murs… il les accable… il fait courir
      le circuit
à des centaines de grands-pères, avec leurs petits fils
      de cuivre… et pluss ça court, pluss il est
      survolté…
Pas un interrupteur qui l'arrête… ça chauffe ça
      chauffe…
il leur empile des kilos et des kilos d'ouate pour
      l'hiver…

Dehors le masseur façonne : il braque la brique contre
le mur, il vide son sac, il fait du licenciment,
il le sable, il l'arrose, il le mortifie…
il bloque la brique à grands coups de taloche…
il gratte le mortifié avec sa cruelle, il le rase, il le
mouche…
et il finit par tout gâcher…

Puis c'est l'homme aux tuyaux : le trombier
qui arrive avec son abruti. Ces deux-là ils s'amusent,
ils se passent des tuyaux… et se les renvoient…
ils jouent du coude… ils remplissent les éperviers de
cuisine
et chassent l'eau des buvettes…
ils se racontent des insanitaires… et ils rigolent…
et la tuyauterie…
et pluss la tuyauterie, pluss ils rigolent…
avec leur fossette sceptique… !

Fin finalement, il reste que la définition…
les poncifs qui sortent de la maison
des parquets et des parquets de poussière…
Puis c'est les emplâtres qui viennent tirer leurs joints…
et qui plafonnent qui plafonnent… qui roulent les
murs…
et que ça sent partout la peinture aclinique…

Et quand c'est fini, très complètement fini, tu te dis :

— C'est pas mal. Mais si on vendait ça
on pourrait se payer un condominimum... tout
en haut !

Moi je dis attention ! Quand tu penses que t'as tout...
tout le réconfort... et des fenêtres paranoramiques...
un lave-aisselle...
une grande feignoire pour y flotter son luxe amélioré...
et la pisciculture en bas tous les matins...
Quand tu vis au dernier étalage, tu penses
que t'es au-dessus de tes affaires...
mais t'es surtout au-dessus des affaires des autres... !

Tout ça c'est du rêve...
Les archimégalos faut savoir les stopper !
On a bâti un moratoire sur la montagne, ça suffit.
Finis les palais incongrus !
Finie l'anarchitecture !
Finis les dévisagistes et leurs plates-bandes dessinées !
Faut-il attendre de gagner le gros lot vacant ?
Faut-il attendre que les vieux immeubles soient
        désinfectés ?
que tous les grands espaces soient terrassés ?
que l'opinion pudique se fâche et se mette à crier :
y a trop d'immeubles en érection ! ?

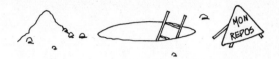

Et l'archipelle mécanique, hein ? Qu'est-ce qu'on en
  fera ?

Tous les gens raisonnables vont se mettre à hurler :
Se faire une maison c'est bien, mais se faire une raison
  c'est mieux.
La seulution c'est faire son trou.
Depuis le temps qu'on fait des trous... y a qu'à
  continouiller...
C'est par les trous qu'on s'en sortira.
Faisons des trous, encore des trous...
Ayons pas peur des vilebrequins de la finance...
Jamais on aura assez de trous...

Et quand on aura fin finalement fini de farfouiller,
fini d'enfouir nos fichus déchets rétros et actifs,
y aura encore de la place... tout le monde aura son
  trou...
son abri anatomique...
On parlera plus des sans-abri...
Finis les embarrassants abris !

Et chacun pourra y descendre dans son trou
avec un son petit funicléaire...
ce sera bien...
ce sera l'abriculture de demain... !

(Il s'enferme dans un grand sac à
poubelle vert!)

179

L'altessa de l'air

Y en a qui prennent l'avion. Bon, ça les regarde.
Mais moi je dis : Attention ! L'avion c'est drôlement
      dangereux,
tu prends l'avion, tu sais pas dans quoi tu t'embarques !
Et puis c'est même pas vrai : tu penses que tu prends
      l'avion,
mais c'est lui qui te prend, et il te tient, attaché, *(jeu de
      bras)*
pendant des heures…

Tu penses que tu voyages en avion,
c'est pas vrai, c'est ton bagage qui voyage.
Toi, tu suis ton bagage, qui suit le monsieur,
qui suit son bagage…
qui suit la mademoiselle, qui suit son bagage……………
et c'est long, et tu suis……et c'est long……………
et tu suis………
et quand ça arrive à ton tour, tu dis :
Enfin ça y est, on va s'occupassionner de
      moi………………
Penses-tu !
On prend ton bagage, on lui met un petit bracelet,
— on lui prend son poids…
On te demande pas à toi, si t'as grossi ou maigri…
Tu comptes pas. Y en a que pour ton bagage.
C'est lui qui monte le premier dans l'avion.
C'est lui le premier servi.

Toi, tu restes là, on te demande rien...
En tout cas, on te demande pas grand'chose :
On veut voir ton billet....crac ! On te le déchire...
On veut savoir si tu fumes, ou si tu fumes pas... Bon.
Mais on t'examine même pas les poumons... !

Et on te dit : allez attendre, on vous appellera......
Et tu attends, et tu attends...Tu penses à ton bagage qui
      dort déjà dans l'avion...
Et quand on t'appelle, on te traite de passager :
Les passagers, s'il vous plaît !
Et là tu passes, t'as pas le choix,
les passagers c'est fait pour passer,
alors tu passes, tu passes la barrière, tu passes le contrôle,
et si ça fait : Bip ! Bip !
tu passes pour un drôle de pistolet....
Et là t'es pas plus avancé, tu peux plus passer
passque ils laissent pas passer les pistolets.
Ils veulent pas que les pistolets partent.
Pas de pistolets dans l'avion !
Ils ont peur... Moi, je les comprends pas :
Quand on veut réussir un vol, il me semble que ça va
      mieux avec un pistolet...

Ah non, moi je les comprends pas : tu montes dans l'avion,
      qu'est-ce que tu vois ?
Tout le monde est déjà assis, en train de faire la bombe
et personne dit rien, on les laisse faire....

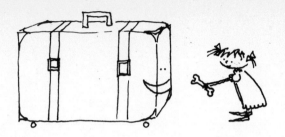

T'as pas un mot à dire, t'as choisi la classe tourisque…
Tu montes dans l'avion, t'as qu'une chose à faire,
tu serches ta place,
tu serches, tu serches……et quand tu l'as trouvée, ta place,
c'est là que tu t'aperçois que t'en as pas, de place !
T'es tout serré, tout coinçouillé dans ton petit fauteuil…
Et pas question de bouger,
on te serre la ceinture c'est pas long…

Et t'attends, et t'attends………
Et tout à coup, qu'est-ce que tu vois ?
Une belle grande blonde qui s'amène :
c'est l'altesse de l'air !
Elle vient faire son petit numéro, avant de partir,
pour te distraire :
Elle sort un masque, elle le montre, et elle met le masque,
pas longtemps, passque c'est oxygènant…
Puis elle montre des portes, et encore des portes,
jusque derrière l'avion,
des portes que personne regarde, ça intéresse personne
c'est seulement des sorties de secousses…
Et aussitôt qu'elle a fini son petit numéro,
ça se met à bouger…
Alors tu te dis : ça y est, on va partir !

183

Et l'avion se met à rouler, et il roule, il roule, et il tourne...
et il roule, il roule, tout douement, tout bêtement
avec ses grandes oreilles de chien battu...
et il roule, il roule, et il tourne...il roule, et il tourne...
on dirait qu'il serche une piste.......
Et quand il en a trouvé une, il s'arrête,
pour souffler un peu...
Et c'est là que l'altesse de l'air se met à crier :
Attention attention, mes dents et mes yeux,
nous allons maintenant procéder au décalage !

Et l'avion se met à rouler plus vite, il se met à courir,
et il court, et il court,
de plus en plus vite...
(pour rattraper le décalage, c'est sûr...)
Et il court, il court tant tellement vite que tout à coup
les oreilles se décollent, et il monte, il monte, il monte...
et là tu fais ouf...! enfin on est parti.......

Mais t'es pas aussitôt calmé, que t'entends une drôle de
   voix,
qui vient de nulle part :
      « La Compagnie RéactionAir vous souhaite la
         bienvenue à son bar...
      Le temps est beau... aucune futurbulence à
         l'horizontale...
      Nous volons à la très haute platitude de dix ou douze
         millimètres...
      Ici, votre commandant, qui vous dit :
      Bon voyage... ! »

Et là, tu réflexionnes :
Ouille ! Pourquoi il dit ça, le commandant... ?
Qu'est-ce que ça peut bien vouloir dire... ?
C'est pas normal...
Les gens qui partent avec toi, ils disent pas ça...
c'est ceux qui restent à terre qui font : Bon voyage...

Waaah ! que tu te dis, le commandant a raté l'avion !
Y a pas de commandant......Waaaaaaah ! ! !
Y a personne pour prendre les commandes...
Au secours ! ! !

Et là-dessus, qu'est-ce que tu vois ?
Ton altesse de l'air qui s'amène gentiment
et qui vient prendre ta commande...ouf... !

Et elle fait bien ça, elle s'occupassionne de toi, elle te
     lâche pas :
Elle te donne une couverture, un petit coussin,
et à partir de là, elle t'empêche de dormir...
Elle te branche un musicoscope dans les oreilles...
elle te passe un journal,
que t'as même pas le temps de lire...
tout de suite elle revient avec un verre,
elle te sert l'impératif...
que t'as même pas le temps de boire...
paf ! c'est le déjeuner qui arrive :
une drôle de salopette de veau paniquée...
avec des petits pois numérotés...
que t'essayes de manger avec une fourchette molle.. *plastique*
puis c'est la tartelette à la crème...
à la crème renversée,
passque ça commence à turbuler et ça turbule...
c'est toujours au café que ça turbule le pluss...
tant tellement que splosh !
c'est ton voisin qui déguste ton café...
Puis c'est le noir,
le très complètement noir dans tout l'avion,
et là tu peux suivre une histoire,
sur un petit mécréant minuxcule,
une histoire à dormir assis...
C'est l'heure du cinémoche... !
Et c'est long, c'est long...
et c'est pas aussitôt fini, que flac !

ça s'allume, et tout le monde se lève pour faire la queue…
Et toi aussi, bien sûr, tu fais la queue
pour acheter des bouteilles, des petites, des grandes,
     toutes sortes de bouteilles…
Et quand tu reviens à ta place
avec toutes ces bouteilles que tu sais pas où mettre…
Ça y est ! l'avion se met à descendre, et il descend…
il perd de la platitude… et il atterrisage, très sage…

Et là tu fais ouf ! enfin on est arrivé…

Mais c'est pas si simple.
Tu penses que tu descends de l'avion,
et que ton bagage est là au milieu de la place,
qui t'attend avec la poignée qui frétille ?
Eh non ! Faut encore faire la queue…
Faut passer devant le questionnaire…
devant l'orifice de dénigration…
et il veut tout savoir, le questionnaire…
veut savoir si t'es un dénigrant…
veut voir ton passe partout…
veut savoir si t'as acheté des choses… ?
     Si tu dis : Ouais…heu…des petites choses…
     des bagatelles !
     Ah ah ! qu'il te fait, des BAGUatelles ! Achetées où ?

comme bagues à diamants

Attention à toi, il scrutine, il examinouille,
toujours il soupsonne que ça cloche...

Et si t'as chaud, que t'es tout rouge,
et que tu souris quand même... Pour lui c'est pas normal :
Ça veut dire que t'as enfilé une douzaine de chandails,
quatorze vestons et sept ou huit manteaux...
T'as intérêt que rien dépasse.
Passqu'il a l'œil impardonnable et le jugement dernier !

Bien sûr, s'il voit rien qui dépasse, il a pas un mot à dire
il dit rien mais il se défoule quand même
il se défoule shlak ! shlok ! sur ton passe partout...
Et là tu peux filer. Mais tu files doux...et tu te dis :
Boff ! l'important c'est d'avoir passé...c'est d'être arrivé...
y a plus qu'à prendre mon bagage... Waaah ! mon bagage !
Où ils ont mis mon bagage ? Et tu serches et tu serches...
T'as pas à t'énervouiller comme ça.
Ton bagage, ils l'ont pas laissé traîner au milieu de la place
pendant que tu parlais avec le tortionnaire, non,
ils l'ont installé gentiment sur un carrousel, et il s'amuse
il tourne, avec les autres bagages, il tourne...
et toi tu le regardes passer, et il tourne...
et comme tu veux être bon pour lui, tu te dis :
On va lui laisser encore un tour ou deux.......

188

Bien sûr, à un moment donné t'en peux plus, et tu
     dis :
Ça suffit maintenant, on rentre à la maison.
Et tu prends ton bagage, tu le mets sur une petite
     poussette,
et tu suis encore ton bagage....... !
Mais là tu t'en fiches : Waff ! on est arrivé...
Une seconde ! Y a encore la macédouane, stop !
Pas question que tu passes droit comme ça.
Elle veut tout voir. Et c'est pas toi qui l'intéresses,
c'est ton bagage... Faut l'ouvrir !
Et c'est pas long, la macédouane elle te dévalise la
     valise...
Elle écarquille tes petites affaires, et elle farfouine...
jusqu'au fond... c'est le fond qui l'intéresse...
Surtout quand y en a deux... !

Bien sûr, si ton bagage est normal elle va te dire :
C'est bon, vous pouvez y aller. Mais c'est elle qui s'en
     va !
Et qui c'est qui rhabille ta valise ? C'est toi !
Et t'as pas un mot à dire, tu rhabilles tu rhabilles...
et tu la boucles... !

L'important, vois-tu c'est d'être arrivé.
C'est déjà de la chance, ç'aurait pu être pire.
On sait jamais… T'aurais pu faire un détour…
Suffit d'un bizarre, d'un retardé
qui braque ton altesse de l'air… et c'est fini
tout le monde retardataire…
et l'avion tourne en rond comme un radar sauvage…
même que des fois l'avion est tant tellement à retardement
qu'il s'évanouille… il se volatile…

Et alors on serche on serche… et tout ce qu'on trouve
c'est la petite bête ! La petite bête noire……. !

Ouille oui, quand tu réflexionnes, tu te dis :
au fond… au fond, y en a qui ont moins de chance… ! ! !

190

Les costaunautes

Un jour, quand l'homme en a eu jusque-là
de voler autour de la terre, il a réflexionné :
C'est bien beau d'avoir dépassé le murmure du son,
mais on tourne en rond, on révolutionne,
toujours avides... et on avance à rien...
Laissons-nous emporter par la force centrifuge !

Fini le siècle vicieux !
Finie l'ère du cerceau, il faut sagittaire une fois pour
          toutes... !

Et c'est là que l'homme a décidé de s'envoyer en l'air.
Surtout que c'est facile, n'importe qui peut devenir
costaunaute, c'est une question d'habitude...
S'agit de se laisser faire tout simplement,
se laisser entraîner...
Et puis faut aimer rigoler. Pas question d'être sérieux,
autrement tu seras jamais costaunaute.

Bien sûr, pour l'entraînement, tu commences par la
          base.
D'ailleurs dès que tu y arrives à la base, tu sens
que tu vas t'amuser, c'est écrit : « Cap Carnaval ».

Et là y a des drôles de prototypes qui te lâchent pas.
Chaque matin, ils sont debout en train,
et ils te réveillonnent de bonne humeur.

Et ils t'entraînent, et toi tu te laisses entraîner…
Et doucement, sans t'en rendre compte, l'habitude
      arrive…
Alors vite tu l'endosses, l'habitude, tout fier,
passque c'est un drôle de beau costaud, *costume*
dessiné très spatialement pour toi…

Et tu te laisses encore entraîner,
on t'entraîne dans une bizarre de petite crapule…
tu y entres et tu restes là, assis, sans bouger,
tu sens que t'as l'air parfaitement comprimé…

et c'est là-dedans que tu t'entraînes à perdre du poids.
Et toi tu t'amuses… c'est amusant de perdre du poids.

Y en a, bien sûr, ça les amuse pas.
Ceux-là ils disent : Je perds du poids et je m'aigris,
je m'aigris… C'est évident que si ça t'aigrit, t'es sûr…
t'es très complètement sûr de jamais devenir un
      costaunaute ! *vaigre*

Mais toi ça t'amuse passque tu t'en fais pas.
Avec ton costaud qui te protectionne, et surtout
ton efficasque sur la tête, tu crains pas la dépression…
Et pluss tu perds du poids, pluss ils rigolent, tout
      contents.
Ah oui, si y a une chose qu'ils peuvent pas supporter
c'est la gravité… !
Perdre du poids faut prendre ça à la légère.

Et pendant que tu perds du poids, ils continouillent
à t'entraîner, mais comme t'es assis dans la crapule,
elle est entraînée elle aussi...
ils te grimpignent toi et ta crapule, jusqu'en haut d'une
très énorme fusible... (c'est pareil à un gigantexe
cigare sauf que ça brûle plus vite, et que ça fait
un drôle de tabac quand on l'allume... et quand y a
des retombées, elles sont pas économiques du tout...)
... et une fois en haut de la grosse fusible, t'as perdu
tant tellement de poids, que tu sens plus rien... pas
le moindre petit pois de senteur...
et tu flottes dans ta crapule... léger léger... l'air de
rien... et c'est là que tout à coup t'entends une voix :

    — Allo allo... ici le compte à rebours...
    — Oui monsieur le compte ?
    — On peut y aller ? Vous êtes prêt ?
    — Tout près tout près... comptez sur moi !

et tu le laisses compter, toi tu comptes pas...
5... 4... 3... 2... 1... ZÉRO ! à moi l'infini... !
et ça y est, tu te sens poussé dans le dos

ça presse ça presse... tu sens ta chemise à feu...
le feu est aux poudres... aux poudres d'escampette !
et là c'est pas le moment de changer d'idée :
       — Arrêtez tout ! j'y vas plus, je descends, j'ai la
         crampe de lancement... !

ah ! non c'est trop tard, d'autant pluss que tout le
     monde est là pour te voir partir :
la presse la rétrovision… comme ils sont toujours, à
     tous les lancements
c'est chronique…
et pas question de couper les promoteurs
les promoteurs sont drôlement allumés

Ça trépide, ça trépide…
ça chauffe et ça surchauffe…
ça presse les carburettes…
les invecteurs clapètent…
on entend les jappements
dans les entraves de la fusible, au tréfond des
     boyaux…
ça gronde et ça turbide au niveau des cuillères…
ça surchauffe et ça brûle dans la protubulure…
ça gerbe et ça flamberge
et ça se propergol
ça profuse de partout
et la fusible pousse…
grandit… et se met à monter…

prononciation
"lippée"

Et toi tu suis, t'as pas le choix.
Tu te laisses entraîner, tu montes, tu montes…
tu te défiles conducteur…
tu quittes le club terrestre…
tu grimpes et tu perfuses
à travers toutes les couches…

la platemosphère… où il se passe rien…
la vélocephère, que tu passes en vitesse…
et puis c'est l'atrocephère…

tu flottes, tu flottes dans le vide…
dans le silence-fiction…
et c'est pas long, tu te retrouves dans la lune…

Et là tu jettes un œil en bas,
tu surplombes la terre, comme le soleil…

tu la vois tout entière,
dans toute sa forme, toute ronde et en couleurs…
c'est bleu… c'est blanc… c'est vert… c'est jaune…
elle s'arquebombe
et se gonfle l'utopique autour du capricorne…
c'est l'attraction terrestre…
un hispanorama esstradinaire…
en panamavision…
très complètement sphéérique… !

Et puis tu jettes un deuxième œil,
et tu te dis : Mais non, mais non…
ce n'est pas la bombance… plutôt la courbature…
elle a les pôles voûtés…
La pôvre, elle est fichue, courbattue, violacée… !

Comment peut-elle encore tourner ?

Ses archipèles sont mécaniques...
ses deltas planent la côte...
et ses marées sont noires de plumes...
Comment peut-elle encore tourner ?
Elle est tellement débalancée...

Elle a de belles couleurs... mais chacune dans son
     coin...

Toute l'eau douce du même bord...
et ailleurs, que du sable...
tout le blé dans un coin...
et en face, du granit...
à moi les forêts verduriantes...
à toi les marécages d'oiseaux...
là, des vallées de larmes...
ici, des montagnes de vivres...
et là des vallées de larmes...
ici ceux qu'ont les moyens...
et là ceux qu'ont la faim...

La pôvre ! elle est tellement tellement déboussolée...
elle est en train de mal tourner...

Galilée Galilée... quoi faire pour l'aider ?

Ah ! faudrait peut-être l'accélérer... ?
Si elle tournait plus vite, tout serait mélangé...
et les incontinents seraient tous confondus...

les goûts et les couleurs seraient sur le même pied...
Ah, ce serait le rêve... !

Ah ! oui... mais rien qu'un rêve...

passque t'as beau tourner autour d'elle comme un
     arbitre
t'es bien trop loin pour tout changer...

alors tu baisses les bras, tu fermes les yeux...
et tu reviens au plus vite terre à terre !

Et tout le monde est là, venu pour te cueillir :

— Alors raconte...
— D'en haut j'ai vu la terre... Vous pouvez pas
  savoir... elle est pluss terrifiante, beaucoup pluss
  qu'on le pense...

— Mais la terre on s'en fout, on la connaît par cœur.
  C'est la lune qu'on sait pas...
  comment c'est-y qu'elle est... ?

— La lune, ah ! oui, la lune...
  c'est triste à dire, la pôvre est drôlement
  poussiéreuse...
  On la comprend de pas montrer
  sa grande surface cachée...

On marche dans la poussière, de la poussière
jusqu'aux genoux...
Même ses plus beaux quartiers sont couverts de
poussière !

— Comment de la poussière ?
Mais y a personne là-haut, pour salir...
c'est le vide... !

— Le vide, ouais... parlons-en !
Mais il est plein, le vide ! Plein de salopretés...
plein de jeunes débris... surtout des saletéllites...
qui circonpollutionnent toujours autour de nous...
Mais c'est la bibelosphère... plutôt le vide-
ordures... !

Et y a très horriblement pire,
que je peux vous dire dans l'oreille :
Y a même des taches sur le soleil... !

àlors quand ils entendent ça, les ingénieux...
(les ingénieux de la nasale, qui ont toujours eu du nez)
ils se creusent pas longtemps la tête chercheuse :

        — Si l'espace est pas propre, faut faire le grand
        ménage, ça presse, c'est détergent !

Et sans perdre une seconde, ils lancent une lavette…
une lavette spéciale… et elle monte et elle va et vient
la lavette… avec son bras, qui fait des pieuvres,
et elle récurationne tout ce qui traîne…

elle ponce dans le vide, à toute vitesse,
elle ponce abrasif raccourci,
sur toute la vaisselle spécieuse,
sur des antennes et des antennes de soucoupes
        volages…

et elle arrête pas, va et vient, la lavette…
monte et remonte… Les ingénieux jubilationnent :

— Et ça fait rien que commencer : On aura bientôt
tout là-haut, un énorme lavaboratoire…
avec plein de lavettes…
on bassinera l'espace tant qu'il sera pas vraiment
propre à rien…
tant qu'il restera plus que des planètes… !

Ouille… pôvres ingénieux ! s'ils se mettent à frotter
les planètes, ils en ont pour un bout de temps…
il paraît qu'elles sont tellement vieilles !
C'est les savants gastronomes qui le disent.
Ça fait des illustres et des illustres
qu'ils les scrutinent avec leurs dînettes…
ils en font tout un plat…

Ils disent que c'est des vieilles amoureuses du soleil,
des amoureuses plutôt plutoniques,
elles lui taciturnent autour, de loin,
depuis des anneaux-lumière…
Ah oui, elles sont pas jeunes, ils les appellent
ineptune… surranus… jubilaire… et même vétuste… !

Moi je trouve qu'ils exagérationnent.
Bien sûr, je les connais pas bien, elles sont trop loin.
Mais pour celle qu'ils traitent de vétuste,
je suis pas d'accord. Celle-là, je suis sûr
que c'est une chaude amoureuse…
Passque je la vois celle-là,
je la regarde tous les soirs…
(C'est la seule, d'ailleurs, qu'on peut voir à l'œil,
nue…)

Et elle frôle le soleil, elle se roule sur elle-même…
c'est une vraie sangsuelle…
toujours collée à lui…
elle se laisse embraser…
elle sexorbite autour de lui…
elle lui fait son numérotique…

— Sunlight, oh ! mon sunlight…
    je tourne je tourne pour être plus brillantine…

— Vas-y vas-y... tourne tourne...
    et sans être une étoile, tu deviendras ma star...
    tourne tourne... et tu danseras la festivalse...
    et ce sera la viennale des Vénus... !

Et le soleil est ravi...
Il s'y connaît en la matière, il en connaît tout un
      rayon...
Il est pas né de la dernière pluie, le soleil... !

En tout cas c'est sûr, l'homme avec sa bougeotte,
il en aura jamais assez...
Un jour, demain peut-être, plein d'allégorie,
il prend la route du soleil...
(et là, le pôvre, s'il s'attaque aux taches sur le soleil
il a pas fini... il va vite s'apercevoir que c'est
des taches de rousseur...)

Et il pousse encore plus loin,
il pousse les lavettes à fond.
Fini de laisser filer les étoiles...
faut balayer partout les étoiles d'araignées...
asticoter les globuleuses
de plus en plus loin...
au fond de toutes les malaxies...
jusque dans l'ozone interdite...

Et c'est là, c'est là, la rencontre avec le troisième
type de malheurs : les horriblifiques profusions
des plus grands désastrologues...
L'extravaguerre des étoiles...
Des armées d'extra-terribles contre des bandes
d'ammoniaques parfaitement méthanisées...
téléguidées par leurs galvanomaîtres
à bord de leurs vassaux de l'espace...
et qui se percutionnent avec des objets violents
aux noms inqualifiables...
des noms à particules alpheuses et bêtasses...

Et de consternation en consternation, ça empire :
les obnubileuses révolutionnent spiralement...
et se stellescopent, et s'éclabouillent
en des pyriades de prométhéores
qui se consument sur place...
C'est l'hécatombustion.. !

Les ultras, de plus en plus violents,
et les infras qui voient toujours rouge
se dardent sur les pleutrons, qui essaient d'échapper,
dans la plus grande confusion mollusculaire,
à la finale fissure des hématomes...

Puis c'est la fin... l'énorme tremblement de sphère
c'est la cosmagonie...
les dernières circonvulsions...
le dernier choc de la quatrième dissension... !

Et quand il reste plus rien...
rien que de vieilles carcasstéroïdes
couvertes de orions...
et qui flottent... très complètement déléthériorées...

alors c'est là qu'on l'entend qui arrive...
qui fonce à toute vitesse...
et qui claque... qui claque le clafoutis...
qui claque la mort aux dents...
qui claque les quatre sabots de la totale éclipse...
comme un catafalque fou qui dévale en cavalant...
c'est elle ! l'épouvanteuse époque à éclipse... !
implacide et sulfurieuse...
qui précipice le monde
et le cataracte... et le catapostrophe...
dans le béant troublant trou blême...
dans l'opaque nécécité de la moite marmite...
où il suffoque...
fin finalement fichu...
fichu... échu...
échu... échec...
échec...................et mouate !

et après ? après après... ? ? ?
oh !... après...
après... quand le mutant sera venu...
on comprendra peut-être la renativité...
et si c'est vrai que tout est renatif
alors on aura un homme tout neuf...
ce sera l'homme de l'espace...
le spéciman !

et il sera bien dans l'espace, le spéciman...
il sera attiré par un beau grand champ magnifique...
il pourra pas résister...
(on résiste pas à un champ magnifique !)
surtout que ce sera un beau grand jardin...
très luxurieux...
avec un serpent aussi, bien sûr...
un boa transistor...
qui lui tendra une pomme :

> — Prends cette pomme, Spéciman, et n'oublie
> jamais... c'est toujours dans sa pomme qu'on
> trouve son univers... son univers à soi...
> prends... et surtout prends-en soin
> c'est une pomme sans pépin... !

> — Quoi ? une pomme sans pépin ?
> mais c'est trop beau pour être vrai...
> c'est le paradoxe qui recommence...
> Oh ! mais c'est une pomme de terre...
> une pomme de terre ! terre ! terre... !

204

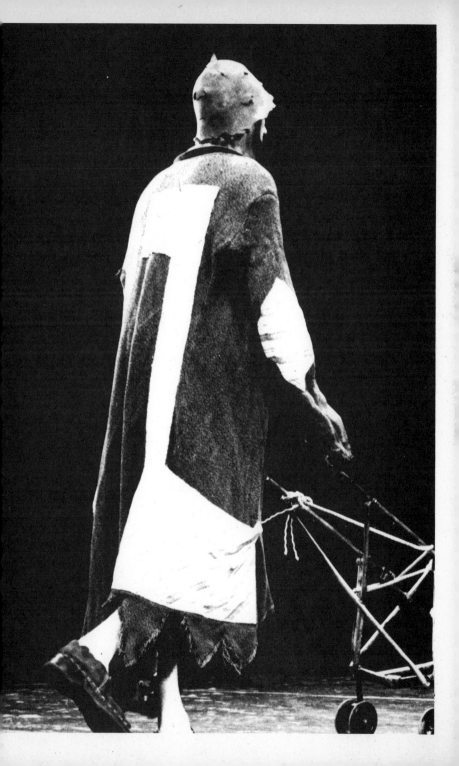

TABLE DES MATIÈRES

Achevé   Imprimerie
d'imprimer Gagné Ltée
au Canada Louiseville